Mary Ratcliffe



# Übersetzungen Deutsch – Englisch 6. Schuljahr

MANZ VERLAG

4. Auflage 2003
Manz Verlag

Lektorat: Harald Kotlarz, Rottenburg
Herstellung: Karin Schmid, Baldham
Umschlaggestaltung: Zembsch' Werkstatt, München
Illustration: Prüfer Grafik Design, Augsburg
Layout: Karin Schmid, Baldham
Satz: Karin Schmid, Baldham
Druck: Gutmann + Co GmbH, Talheim
Printed in Germany

ISBN 3-7863-2011-X

# Inhaltsverzeichnis

# Vorwort

Wenn du dieses Buch durchblätterst, wirst du merken, dass die gleichen Personen immer wieder vorkommen. Bestimmt möchtest du mehr über die Kinder in den Übungen wissen ...

Anke und Sandra sind unzertrennliche Freundinnen. Sie wohnen in der gleichen Straße und besuchen die sechste Klasse desselben Gymnasiums. Anke hat zwei Schwestern: Hannah, eine lustige Grundschülerin, deren Meerschweinchen immer wieder ausreißt, und Lisa, die in die neunte Klasse geht. Sandra und ihr Bruder Paul (auch in der neunten Klasse) müssen den Haushalt machen, als ihre Mutter für eine Woche verreist. Ob Paul wirklich von seiner Schwester vergiftet wird ...? Ankes und Sandras Freunde und Freundinnen sorgen auch gelegentlich für Spannung. War David tatsächlich krank? Was wird aus Toms Idee, Konfetti vom Dach zu streuen?

Beginne mit den Beispielsätzen, um dich auf das Thema einzustimmen. Die Hinweise zu den Beispielen solltest du dir auch anschauen, dann fallen dir die Übungen bestimmt leichter.

Manche Sätze oder Satzteile stehen in Klammern ( ). Du musst sie nicht unbedingt übersetzen, weil sie lediglich zum besseren Verständnis des Inhalts da sind. Es kann auch sein, dass es sich um deutsche Füllwörter handelt, die im Englischen keine Entsprechung haben oder brauchen.

Du willst natürlich wissen, ob deine Ergebnisse stimmen. Darum sind im zweiten Teil des Buchs die Lösungen angegeben. Wenn du wirklich nicht mehr weiter weißt, kannst du auch zuerst einen Blick auf die Lösungen werfen, um es dann doch noch allein zu versuchen.

Die Anmerkungen in der rechten Spalte im Lösungsteil machen dich auf Fehlerquellen und Besonderheiten aufmerksam. Dort findest du auch weitere Möglichkeiten, den deutschen Satz zu übersetzen. Denn oft gibt es mehr als nur eine richtige Lösung.

Die Autorin und der Verlag wünschen dir viel Spaß bei der Arbeit!

# Grammatische Bezeichnungen

| Latein | *Englisch* | Deutsch |
|---|---|---|
| Adjektiv | *adjective* | Eigenschaftswort |
| Adverb | *adverb* | Umstandswort |
| Artikel | *article* | Geschlechtswort |
| Demonstrativpronomen | *demonstrative pronoun* | hinweisendes Fürwort |
| Futur | *future* | Zukunft |
| Genitiv | *genitive* | 2. Fall |
| Imperativ | *imperative* | Befehlsform |
| Imperfekt | *simple past* | 1. Vergangenheit |
| Infinitiv | *infinitive* | Grundform |
| Konsonant | *consonant* | Mitlaut |
| modales Hilfsverb | *modal auxiliary* | Hilfszeitwort der Art und Weise |
| Nomen | *noun* | Hauptwort |
| Objekt | *object* | Satzergänzung |
| Personalpronomen | *personal pronoun* | persönliches Fürwort |
| Plural | *plural* | Mehrzahl |
| Possessivpronomen | *possessive pronoun* | besitzanzeigendes Fürwort |
| Prädikat | *verb / predicate* | Satzaussage |
| Präposition | *preposition* | Verhältniswort |
| Präsens | *present* | Gegenwart |
| Präteritum | *simple past* | 1. Vergangenheit |
| Singular | *singular* | Einzahl |
| Subjekt | *subject* | Satzgegenstand |
| Substantiv | *noun* | Hauptwort |
| Verb | *verb* | Zeitwort / Tätigkeitswort |
| Vokal | *vowel* | Selbstlaut |

# Bestätigungsfragen

## 1

Wenn wir etwas bestätigen lassen wollen, sagen wir im Deutschen „gell?", „oder?" oder „nicht (wahr)?". Im Englischen wird es etwas anders gemacht. Schau dir die Beispiele genau an.

| | | |
|---|---|---|
| 1. | Heute ist Montag, **oder**? | It's Monday today, **isn't it**? |
| 2. | Heute haben wir Mathe, **gell**? | We've got maths today, **haven't we**? |
| 3. | Du verstehst Division, **oder**? | You understand division, **don't you**? |
| 4. | Du kannst mir bei den Hausaufgaben nicht helfen, **oder?** | You can't help me with the homework, **can you**? |

➲ Bei der Bestätigungsfrage im Englischen wird das Verb *(is, have, can)* des Hauptsatzes wieder aufgenommen.

➲ Bei einem Vollverb *(understand)* verwendest du *to do* (3).

➲ Bei verneinten Sätzen (4) ist die Bestätigungsfrage bejaht.

Lösung ➲53

### *Jetzt bist du dran.*

In dieser ersten Übung wird dir als Bestätigungsfrage eine Form von *to do* begegnen.

1. Du isst keinen Fisch, oder?
2. Du magst Käse, nicht?
3. Dein Bruder malt schöne Bilder, gell?
4. Er spielt nicht Fußball, oder?
5. Er malte dieses Bild an der Wand, oder?
6. Deine Eltern mochten es nicht, gell?

Hier hast du es mit *to have* zu tun. Schau Beispiel 2 an, wenn es dir zu schwierig wird!

**2.**

1. Ihr habt eine neue Wohnung, gell?
2. Die Wohnung hat zwei Balkone, nicht?
3. Ihr habt keine Katze, oder?
4. Eure Nachbarin hat (auch) keine Katze, gell?

Hier findest du eine bunte Mischung von *question tags.*

**3.**

*Anke und Sandra sind in der Schule. Es ist gerade Pause.*

1. Anke: Du hast keine Armbanduhr um *(to have a watch on),* oder?
2. Sandra: Nein. Linda weiß immer die Uhrzeit, gell?
3. Anke: Linda ist aber nicht hier, oder?
4. Anke: Wir können David fragen, nicht?
5. Anke: Die Pause ist fast zu Ende *(nearly finished)*, oder, David?
6. David: Ja. Das war eine sehr kurze Pause, gell?
7. Sandra: Du warst gestern nicht in der Schule, oder, David?
8. Sandra: Wir haben deine Mutter am Nachmittag gesehen, nicht wahr, Anke?
9. David (ängstlich): Mich habt ihr nicht gesehen, oder?
10. Anke: Nein. Du warst (doch) krank, oder?
11. David: Ja. Aber ich kann nicht den ganzen Tag im Bett bleiben.
12. Sandra: Er schaut nicht krank aus *(to look ill)* , gell, Anke?
13. Sandra: Du bist überhaupt nicht *(not ... at all)* krank, gell, David?
14. David: Ihr versteht mich nicht.

# Die Steigerung von Adjektiven

## 2

Die englische Sprache hat zwei wichtige Vorfahren: das Deutsche und das Französische. Aus dem Deutschen hat sie die Steigerung mit *-er, -est* geerbt und aus dem Französischen die mit *more* und *most*.

| | |
|---|---|
| 1. Diese Übung ist **schwieriger** als die letzte. | This exercise is **harder** than the last one. Oder: This exercise is **more difficult** than the last one. |
| 2. Füller sind **besser** als Bleistifte. | Pens are **better** than pencils. |
| 3. Aber Füller sind **schwerer**. | But pens are **heavier**. |
| 4. Ich habe die **schlechteste** Schrift in der ganzen Klasse. | I've got the **worst** writing in the whole class. |
| 5. Nein. Meine Schrift ist **genauso schlecht wie** deine Schrift. | No, you haven't. My writing is just **as bad as** your writing. |

- Kürzere Adjektive steigerst du meist mit *-er* und *-est*, längere mit *more* und *most* (1).
- Beachte die Schreibung bei Adjektiven, die auf *-y* enden *(heavy → heavier)* (3).
- Manche Adjektive werden unregelmäßig gesteigert *(good → better → best* oder *bad → worse → worst)* (2 und 4).

### Jetzt bist du dran.

Lösung ➔ 55

1. Deine Tasche ist größer *(large)* als meine Tasche.
2. Du kannst größere Bücher tragen (als ich).
3. Marc ist kleiner als Alexander.
4. Marc ist der kleinste Junge in der Klasse.
5. Er ist auch der netteste Junge.

6. Alexander ist alberner als Marc.
7. Die größten Leute sind nicht immer die klügsten oder die besten Leute.

## 2.

1. Ankes Rock ist farbenfroher als Sandras.
2. Aber Sandras Rock war teuerer als Ankes.
3. Die langweiligsten Sachen sind oft die teuersten.
4. Meine alte Jacke ist bequemer als meine neue.

## 3.

1. Paris ist so weit weg wie London.
2. Paris ist so groß wie London, nicht wahr?
3. Schottland ist genauso interessant wie England.
4. Aber Schottland ist nicht so groß wie England.
5. Das Wetter in Schottland ist nicht so warm wie das Wetter in England.
6. Ein Urlaub in Schottland ist genauso schön wie ein Urlaub in England.

## 4.

*Anke hat zwei Schwestern.*

1. Hannah ist jünger als Anke.
2. Lisa ist älter als Anke.
3. Aber Anke ist größer als Lisa.
4. Anke ist das größte Mädchen in ihrer Klasse.
5. Sie ist so groß wie ihre Mutter.
6. Hannah ist nicht so ordentlich wie Anke.
7. Sie hat immer die schmutzigsten Schuhe.
8. Sie ist nicht das schönste Mädchen.
9. Aber sie hat das schönste *(nice)* Lächeln.
10. Lisas Hausaufgaben sind schwieriger als Ankes.

# Die Verlaufsform des Imperfekts

**3**

Die Verlaufsform im Präsens kennst du bereits: *Tom is eating some chocolate cake*. Im Imperfekt *(simple past)* gibt es auch eine Verlaufsform, die ganz ähnlich benutzt wird.

| | |
|---|---|
| 1. Toms Papa **machte gerade** einen Kuchen, als Oma anrief. | Tom's dad **was just making** a cake when grandma rang up. |
| 2. Tom **aß gerade** Kuchen (war gerade dabei, Kuchen zu essen), als sein Freund Jojo kam. | Tom **was eating** cake when his friend Jojo arrived. |
| 3. Es fing an zu regnen, während Tom und Jojo zusammen **spielten**. | It started to rain while Tom and Jojo **were playing** together. |
| 4. Als Toms Vater nach Hause kam, **machte** Tom seine Hausaufgaben **nicht**. | When Tom's dad came home, Tom **wasn't doing** his homework. |

- Du bildest das *past progressive* mit *was* oder *were* und hängst *-ing* an das Verb.
- Da es diese Form im Deutschen nicht gibt, wird „gerade" verwendet, um deutlich zu machen, wann sich die Handlung abspielte. Im Englischen musst du „gerade" nicht übersetzen, wenn du die Verlaufsform verwendest.
- Wenn du in der Vergangenheit erzählst und eine Handlung von einer zweiten unterbrochen wird, dann schilderst du die eigentliche Handlung *(was eating, were playing)* im *past progressive*.
- Die Verneinung bildest du mit *not* (4).

Lösung ➔ 56

## *Jetzt bist du dran.*

*Bei einer Umfrage werden mehrere Leute gefragt: "What were you doing in October 1998?" Hier sind die verschiedenen Antworten:*

1. Ich arbeitete für Siemens.
2. Ich verkaufte Hotdogs auf dem Oktoberfest.
3. Wir studierten Englisch.
4. Ich lernte Italienisch in Rom.
5. Ich schrieb ein Buch.
6. (Ich?) Was machte ich (wohl)? (Ich weiß es nicht mehr.)
7. Ich arbeitete nicht.
8. Ich übte nicht für ein Konzert, weil wir gerade beim Umziehen waren *(to move house)*.

*Anke hatte gestern Probleme mit ihren Englisch-Hausaufgaben. Sie rief ein paar Freunde an, aber niemand war zu Hause.*

1. Anke: Was habt ihr alle gemacht, als ich um drei Uhr nachmittags anrief? Wo wart ihr alle?
2. Sandra: Um drei fütterte ich gerade meinen Hasen.
3. Als ich zu ihm kam, grub er gerade ein Loch.
4. Während er grub, füllte ich seine Flasche mit Wasser auf.
5. Ich ging gerade ins Haus, als ich das Telefon hörte.
6. Es hörte auf (zu klingeln) als ich (dahin)rannte.
7. David: Um drei Uhr hatte ich (selber) Probleme mit dieser Hausaufgabe.
8. Ich war gerade dabei, meine Nachbarin zu fragen *(ask ... about it)*.
9. Letztes Jahr arbeitete sie in England.
10. Wahrscheinlich half sie mir gerade, als du mich anriefst.
11. Anke: Und was hast du gemacht, Angela?
12. Du warst nicht (schon wieder) beim Sepp, oder?
13. Angela: Nein. Kennst du Tom? Ich aß gerade Schokoladenkuchen (bei ihm).
14. Rosi: Gestern um drei Uhr saß ich draußen in der Sonne.
15. Mein Bruder übte gerade Schlagzeug *(the drums)*.

# *One, ones*

**4**

Wenn wir ein zählbares Nomen (z. B. *pencil, house, football, boy ...*) zweimal erwähnen wollen, ohne das Wort zu wiederholen, können wir das Wort beim zweiten Mal durch *one* ersetzen. Das geht auch im Plural: mit *ones*. Bei unzählbaren Nomen (z. B. *sugar, air, water, information*) ist dies nicht möglich. Im Deutschen gibt es keine Entsprechung dazu.

**Anke und Sandra stehen am Schaufenster einer Bäckerei und sehen die Kuchen an:**

| | |
|---|---|
| 1. S: Am liebsten mag ich die klebrigen da. | I like those sticky **ones** best. |
| 2. **Welche** magst du? | **Which ones** do you like? |
| 3. A: Mir schmeckt **der** mit der Sahne drauf. | I like **the one** with the cream on top. |
| 4. S: Meinst du **diesen** hier? | Do you mean **this one**? |
| 5. A: Nein, ich meine **den da** hinten. | No, I mean **that one** at the back. |

➲ Die üblichen Formen sind:

Adjektiv + *one(s)* (1)
*which* + *one(s)* (2)
*this / that* + *one(s)* (4 und 5)
*(the) ones* + Präposition + Nomen (3 und 5)

## *Jetzt bist du dran.*

Lösung ➲ 58

*Anke ist mit ihrer kleinen Schwester Hannah im Zirkus. Hannah ist sehr aufgeregt.*

1. Hannah: Schau die Elefanten an, Anke! Schau den kleinen an!
2. Anke: Es gibt zwei kleine.
3. Welchen meinst du?
4. Hannah: Den kleinen dicken.
5. Anke: (Die sind beide dick.) Welchen dicken meinst du?

6. Hannah: Also, den auf der anderen Seite der Manege *(ring)*.
7. Anke: Ja, die kleinen sind süß.
8. Aber ich mag lieber die größeren.
9. Schau den mit den großen Ohren an.
10. Das ist ein afrikanischer Elefant. Welchen magst du am liebsten?
11. Den mit den großen Ohren oder den mit den kleinen Ohren?
12. Hannah: Der süßeste ist der kleine da.

*Während die Band eine lustige Melodie spielte, kamen die Clowns herein.*

1. (Es waren vier Clowns;) zwei dicke und zwei dünne.
2. Die dicken hatten lustige Hüte an.
3. Der mit dem roten Hut warf rote Bonbons zu den Kindern.
4. Der mit dem grünen Hut rief: „Stopp! Nicht die roten. Die grünen."
5. (Er warf grüne Bonbons zu den Kindern.) Hannah bekam zwei grüne und ein rotes.
6. Sie sagte dem Jungen neben ihr: „Welches willst du? Ein grünes oder das rote?"
7. „Das hier", sagte der Junge, und nahm das rote Bonbon.
8. Die Clowns waren lustig, besonders die dünnen.
9. Der Dünne mit der kurzen Hose hatte zwei Luftballons *(balloons)*.
10. „Kinder", rief er, „welcher Luftballon ist schwerer, der gelbe oder der blaue?"
11. Hannah rief: „Der gelbe!"
12. Der dünne Clown sagte zum dicken: „Nimm den blauen. Ich nehme den gelben."
13. Der dicke (Clown) nahm den blauen Luftballon (und hob ihn hoch).
14. Der dünne Clown nahm den gelben.
15. „Dies ist ein schwerer", sagte er.
16. „Der ist nicht schwer. Er ist so leicht wie der blaue", sagte der andere.

# Das will-Futur und das going to-Futur im Vergleich

5

Wenn wir über die Zukunft reden wollen, können wir *going to* verwenden. Das kennst du schon aus der 5. Klasse. Es gibt aber noch eine andere Form für zukünftige Ereignisse, nämlich das *will-future*. Hier kannst du die Unterschiede zwischen beiden Formen üben.

| | |
|---|---|
| 1. **Du wirst** den schweren Koffer nie **schaffen.** | **You will / you'll** never **manage** that heavy case. |
| 2. **Ich helfe** dir. | **I will / I'll help** you. |
| 3. Die Reise **wird nicht** lange **dauern.** | The journey **won't take** long. |
| 4. Bis 10 Uhr **wirst du** in London **sein.** | By 10 a. m. **you will / you'll be** in London. |

➲ Die Beispiele zeigen die häufigsten Anwendungen des *will-future*:
Nr. 1 stellt eine Vermutung dar,
Nr. 2 ist ein spontaner Entschluss / Angebot
und in Nr. 3 und 4 werden Vorhersagen getroffen.

➲ Im Deutschen wird Zukünftiges häufig im Präsens ausgedrückt, im Englischen musst du aber Futur nehmen (2).

➲ Die Verneinung von *will* lautet *won't*.

Und was ist mit *going to*? Brauchen wir das überhaupt noch? Aber gewiss! Für Vorhaben und für unausweichliche Ereignisse ist das *going to-future* unentbehrlich. Schau dir die Beispiele an.

| | |
|---|---|
| 1. Tom und Felix ziehen ihre Fußballschuhe an. **Sie werden / wollen** Fußball **spielen.** | Tom and Felix are putting their football boots on. **They're going to play** football. |
| 2. Aber der Himmel ist dunkel. Oma sagt: „**Es regnet** bald." | But the sky is dark. Grandma says: "**It's going to rain** soon." |

- Tipp: Wenn „werden" durch „wollen" ersetzt werden könnte, liegst du mit *going to* bestimmt nicht falsch (1).
- Auch hier wird im Deutschen häufig das Präsens verwendet, während du im Englischen auf jeden Fall eine Form des Futurs wählen musst (2).

Lösung ➲ 60

## Jetzt bist du dran.

*Die Mutter von Sandra und Paul hat der Familie gerade mitgeteilt, dass sie sich kurzerhand entschlossen hat, nach Hamburg zu reisen ...*

1. Sandra: Wie lange wirst du weg sein, Mama?
2. Mutter: Ich werde nicht länger als eine Woche dort bleiben.
3. Paul: Wir werden (es) (sicher) schaffen.
4. Ich werde jeden Tag abspülen *(wash up)*.
5. Sandra: Und ich werde die Wäsche waschen *(to do the washing)*.
6. Ich werde auch kochen.
7. Vater: (Ach so ... äh ...) ich werde nicht zu Hause essen.
8. Sandra: (Doch, das wirst du.) Ich werde so wunderbare Mahlzeiten kochen!
9. Du wirst dich wundern *(to be surprised)*.
10. Mutter: Ihr werdet die Katze nicht vergessen, oder?
11. Paul: Es wird der Katze nichts passieren *(Nothing ...)*.
12. Aber vielleicht wird mir etwas passieren.
13. Ich weiß (ja) nicht, was Sandra kochen wird.
14. Sandra: Oh, für dich werde ich giftige Pilze *(poisonous toadstools)* kochen. Du wirst sehen!

1. Sandra: (Keine Sorge, Mama.) Alles wird OK sein.
2. Paul: Ja, Mama, ich werde nur vergiftet sein *(poisoned)*.
3. Sandra: (Sei ruhig!) Sonst macht sich Mama nur Sorgen *(worry)*.
4. Ich werde eine Karte für Oma basteln *(make)*.
5. Mutter: Sie wird sich (bestimmt) freuen *(be pleased)*.
6. Machst du auch eine Karte, Paul?
7. Paul: Nein, ich mache keine Karte.
8. Vielleicht schreibe ich einen Brief. Oder vielleicht schreibe ich keinen Brief.
9. Sandra: (Männer!) Ich schreibe einen Brief.
10. Dann hat Oma wenigstens einen.
11. Mutter: Ihr werdet keine Zeit (zum Briefeschreiben) haben.
12. Ihr werdet viel zu tun haben.
13. Es wird eine schwere Woche sein.
14. Sandra: Wann wirst du in Hamburg ankommen?
15. Mutter: Ich werde den Zug um halb zehn nehmen.
16. Ich werde wahrscheinlich um vier in Hamburg sein.
17. Tante Elspeth und Onkel Heini werden mich vom Bahnhof abholen.
18. Ich rufe euch an (, wenn ich da bin).

# 6 „Must, needn't; may, may not“ und „mustn't“

*Must* (müssen) und *may* (dürfen) sind dir schon in der 5. Klasse begegnet. Wie können wir aber das Gegenteil von *must* und *may* ausdrücken? Schau zuerst die Beispiele an, denn es ist nicht ganz einfach.

| | |
|---|---|
| 1. (Lehrer): Ihr **müsst** die Übung 6a machen, aber 6b **müsst** ihr **nicht** machen. | You **must** do exercise 6a but you **needn't** do 6b. |
| 2. **Dürfen** wir jetzt schon anfangen? | **May** we start now? |
| 3. Nein, das **dürft** ihr **nicht**. | No, you **may not**. |
| 4. Ihr **dürft keine** Hausaufgaben in der Schule machen. | You **mustn't** do any homework at school. |

➲ Merke: „nicht müssen" heißt *needn't*; „nicht dürfen" heißt *mustn't*.

➲ *May not* erscheint normalerweise nur in einer Frage oder als Kurzantwort. Vergleiche dazu Beispiele 3 und 4. In Beispiel 4 ist *may* nicht möglich, weil es keine Kurzantwort ist.

Lösung ➲62

## Jetzt bist du dran.

### *Must – needn't*

1. Anke: Heute ist Samstag. Ich muss heute nichts machen.
2. Vater: (Na ja, das stimmt nicht ganz.) Du musst Klavier üben.
3. Anke: Aber heute muss ich das nicht machen.
4. Vater: Du musst jeden Tag üben. Aber du musst deine armen Blumen nicht gießen. (Das habe ich gemacht.)
5. Anke: Du musst dir um meine „armen" Blumen keine Sorgen machen.
6. Vater: Dann musst du sie häufiger gießen. Und du musst (brauchst) mich nicht so anzuschauen!

## ***May – may not – mustn't***

1. Hannah: Mama, darf ich meine Hausaufgaben später machen?
2. Mutter: Ja, das darfst du.
3. Aber du darfst sie nicht vergessen!
4. Hannah: Nein, ich vergesse sie nicht. Darf ich diese Schokolade jetzt essen?
5. Mutter: Nein (Kurzantwort).
6. Du darfst vor dem Mittagessen keine Süßigkeiten essen.
7. Hannah: Darf ich einen Apfel essen?
8. Mutter: Ja (Kurzantwort).
9. Mutter: Jetzt muss ich kochen. Wir dürfen heute nicht zu spät sein.

Hier kommen alle Formen aus diesem Kapitel vor.

*Und wie geht es Sandra und Paul ohne ihre Mutter?*

1. Vater: Ich muss jetzt zur Arbeit gehen.
2. Sandra: Ja, Papa. Du brauchst dir keine Sorgen zu machen.
3. Vater: Ihr müsst bald in die Schule gehen.
4. Paul: Wir müssen heute einkaufen gehen. Wir brauchen Käse und Brot.
5. Sandra: Oh ja, dürfen wir auch Eis kaufen, Papa?
6. Vater: Ja (Kurzantwort). Aber ihr dürft nicht zu viel Geld ausgeben.
7. Paul: Papa, darf ich heute Nachmittag deinen Computer benutzen?
8. Vater: Nein, das darfst du nicht. Er darf nicht kaputtgehen.
9. Sandra: Papa, du musst gehen. Du darfst nicht zu spät kommen.
10. Vater: OK. Und nach dem Mittagessen müsst ihr eure Hausaufgaben machen. Ihr müsst nicht abwaschen. Das mache ich. Gegen Mittag rufe ich euch an.
11. Paul: Papa, du musst uns (doch) nicht anrufen.
12. Sandra: Nein, du musst dir nicht (einmal) über uns Gedanken machen (= über uns nachdenken).

# 7 *Steigerung und Stellung der Adverbien*

In Kapitel 2 haben wir uns mit Adjektiven beschäftigt. Jetzt kommen wir zu den Adverbien, die sich im Deutschen von der Form her kaum von Adjektiven unterscheiden. Im Englischen ist es aber anders.

| | |
|---|---|
| 1. Marc kann **einfache** Rätsel **gut** lösen. | Marc can solve **easy** puzzles **well**. |
| 2. Nico kann ein **gutes** Rätsel **einfach** lösen. | Nico can solve a **good** puzzle **easily**. |
| 3. Sandra kocht **schneller** und **sorgfältiger** als Paul. | Sandra cooks **faster** (oder: **more quickly**) and **more carefully** than Paul. |
| 4. Paul kocht nicht **so gut wie** Sandra. | Paul doesn't cook **as well as** Sandra (does). |
| 5. Caroline **packte fröhlich** ihren Koffer. | Caroline **cheerfully packed** her suitcase. Oder: Caroline **packed** her suitcase **cheerfully**. |

- Adjektive beschreiben das Nomen: „einfache Rätsel" → *easy puzzles.*
- Adverbien beschreiben das Verb: „gut lösen" → *solve ... well.*
- Die meisten Adverbien werden mit *more ..., most ... (of all)* gesteigert.
- Ausnahmen sind: *fast, faster, fastest; hard, harder, hardest; well, better, best (of all); badly, worse, worst (of all).*
- Stellung des Adverbs: Das Adverb befindet sich häufig am Satzende. In der Mitte des Satzes gehört das Adverb direkt vor das Hauptverb, also manchmal auch zwischen Hilfsverb und Vollverb*: can easily see you; you must quickly solve.*
- Adverbien wie *luckily, naturally, actually, usually* kommen oft an den Satzanfang, da sie sich auf den ganzen Satzinhalt beziehen.
- Merke: Im Englischen darf kein Adverb zwischen Vollverb und Objekt stehen (5)!

## Jetzt bist du dran.

Lösung ➔ 63

### Adjektiv oder Adverb?

*Sandra war gerade in der Küche beschäftigt.*

1. Plötzlich klingelte das Telefon.
2. Sandra hob schnell ab *(answered it)*.
3. Sie hörte deutlich Ankes leise Stimme.
4. „Läuft alles gut (bei euch)?" *(is everything going ...)*, fragte Anke.
5. „Na ja", sagte Sandra, „nicht schlecht.
6. Die Arbeit im Haus ist leicht. Aber manchmal geht es langsam.
7. Paul machte gestern einen guten Kuchen. Er war verärgert, weil der Kuchen klein war.
8. Der Kuchen war wirklich gut.
9. Jetzt muss ich schnell abwaschen."

### Steigerungen

*Sandra und Pauls Mutter ruft daheim an, um sich zu erkundigen, wie es läuft.*

1. Sandra: Jetzt geht es *(things)* besser als vor zwei Tagen.
2. Vor zwei Tagen arbeiteten wir langsamer.
3. Paul arbeitete am langsamsten.
4. Paul schaut mich (gerade) böse an. Aber normalerweise kocht er schneller.
5. Er kann auch besser backen als ich. Wie geht's Oma?
6. Mutter: Sie schläft jetzt besser.
7. Sie kann auch klarer denken.
8. Aber sie benimmt sich *(behaves)* schlimmer als ein Kind.
9. Von allen Patienten schreit sie am schrecklichsten (, wenn ihr eine Spritze verabreicht wird).
10. Sie singt so schön wie immer *(ever)* (, aber leider mitten in der Nacht).

*Das Gespräch wird fortgesetzt.*

1. Kocht Papa so fleißig wie ihr zwei?
2. Sandra: Nein, er arbeitet hart im Büro.
3. Er sagt, wir können so gut kochen wie du, Mama.
4. Das stimmt aber nicht wirklich (= Das ist nicht wirklich wahr).
5. Normalerweise sagt er fröhlich („zu viele Köche verderben den Brei") und setzt sich dann bequem an seinen Schreibtisch.
6. Aber ich kann besser allein *(on my own)* kochen.
7. Mutter: Füttert ihr regelmäßig die Katze?
8. Sandra: Natürlich füttern wir die Katze! Gell, Mieze *(pussy)*? Am Abend schaut sie mich unglücklich an und dann füttere ich sie schnell.
9. Mutter: Also, alles läuft gut.
10. Sandra: Ja, eigentlich (schon). Aber wir vermissen dich schrecklich. (Komm bald wieder!)

## 8 Das „present perfect"

Wenn eine Handlung in der Vergangenheit gerade beendet wurde und noch gegenwärtig ist, verwenden wir das *present perfect*.

| | |
|---|---|
| 1. Sandras Mutter **ist gerade** zu Hause **angekommen**. | Sandra's mother **has just arrived** home. |
| 2. Sie **hat** ihren Mantel **noch nicht ausgezogen**. | She **hasn't taken off** her coat. |
| 3. Paul: **Hast** du den Tee **gekocht**, Sandra? | Paul: **Have** you **made** the tea, Sandra? |
| 4. Sandra: Ja. Mama, wir **haben** einen Tee für dich **gekocht**. | Sandra: Yes, I have. Mum we**'ve made** some tea for you. |
| 5. Mutter sagt: Ich **habe** das Haus noch **nie** so sauber **gesehen**! | Mama says: I**'ve never seen** the house so clean! |
| 6. Und zum Papa: **Hast** du es **je** so sauber **gesehen**, Stefan? | And to Dad: **Have** you **ever seen** it so clean, Stefan? |

- Das *present perfect* wird mit *to have + past participle* (3. Form) gebildet.
- Die Kurzantworten *im present perfect* werden genau wie bei den anderen Hilfsverben gebildet: *Yes, he has; No, I haven't* usw. (4).
- Beachte den Unterschied in der Wortstellung zwischen dem Deutschen und Englischen: Sie hat ihren Mantel noch nicht ausgezogen – *She hasn't taken off her coat yet.*

*Have you looked at the examples yet? – Good. Let's begin!*

## Jetzt bist du dran.

Lösung ➔ 66

*Mama schaut sich um und wundert sich:*

1. Ihr habt eine neue Teekanne gekauft.
2. Ihr habt einen Kuchen gebacken.
3. Ihr habt eingekauft.
4. Ihr habt eure Kleidung aber nicht gewaschen.
5. Habt ihr die Katze gefüttert?
6. Wo ist die Katze hingegangen?
7. Paul: Die Katze ist in den Garten gegangen.
8. (Schau, hier kommt sie wieder.) Sie hat eine Maus gefangen!
9. Sie hat die Maus in die Küche gebracht.
10. Oh! Jetzt hat sie sie wieder hinausgetragen *(to take out)*.

*Bei Anke, Hannah und Lisa:*

1. Anke: Hast du schon alle deine Hausaufgaben gemacht, Hannah?
2. Hannah: Nein (Kurzantwort). Ich habe Mathe gemacht, aber Deutsch habe ich noch nicht gemacht.
3. (Beeile dich!) Hast du vergessen? (Heute schauen wir die Löwen-Babys im Zoo an.)
4. Ich habe noch nie Löwen-Babys *(lion cubs)* gesehen. Mama, hast du je Löwen-Babys gesehen?
5. Mutter: Nein (Kurzantwort). Ich habe über sie gelesen.
6. Hannah: Wo ist Lisa? Ich habe sie noch nicht gesehen.
7. Mutter: Sie kommt (gerade). Ich habe sie gerade durch das Fenster gesehen.

8. Sie ist gerade durch das Gartentor gekommen. (Mach bitte die Tür auf, Anke.)
9. Hallo, Lisa. Du hast eine Freundin mitgebracht.
10. Lisa: Hallo, Mama. Das ist Christa. Du hast mit ihr (am Telefon) gesprochen, aber du hast sie noch nie kennen gelernt.

# 9 „Present perfect" und „simple past"

Wann verwendest du nun *present perfect* und wann *simple past*? Die Beispiele werden dich auf die richtige Spur bringen.

| | |
|---|---|
| 1. Unterhaching **hat** das erste Spiel der Saison **gewonnen.** | Unterhaching **has won** the first game of the season. |
| 2. Unterhaching **gewann** das erste Spiel der Saison. | Unterhaching **won** the first game of the season. |

➲ Die deutschen Sätze sind mehr oder weniger austauschbar. Im (britischen) Englisch ist das anders. Man erwartet eine Fortsetzung des Satzes, wie etwa: Das ist toll! Und wie geht's wohl weiter? (1) Und bei *simple past*: Das war toll. Aber dann haben sie die nächsten sechs Spiele verloren (2).

➲ Beim *present perfect* ist das Ereignis noch gegenwärtig. Beim *simple past* machst du deutlich, dass dieses Ereignis der Vergangenheit angehört.

| | |
|---|---|
| 3. Unterhaching **hat** gestern das erste Spiel der Saison **gewonnen.** | Unterhaching **won** the first game of the season yesterday. |

➲ Wenn du allerdings eine Zeitangabe der Vergangenheit hast *(yesterday, last week, in 1998* oder *two months ago)*, dann musst du nicht lange überlegen. In diesem Fall ist *simple past* immer richtig.

| | | |
|---|---|---|
| 4. | Wie **haben** sie **gewonnen**? | How **did** they **win**? |
| 5. | Sie waren gut drauf. Schmidt **hat** zwei Tore **geschossen** und der Torwart **spielte** auch gut. | They were in good form. Schmidt **scored** two goals and the goalkeeper **played** well, too. |

- Sobald man über Einzelheiten spricht, wechselt man ins *simple past*.
- *Just, (not) yet, already* sind Signalwörter für *present perfect*!

Lösung ➲ 67

## *Jetzt bist du dran.*

*Lisa und Anke schauen die Tagesschau an. Du bist auch dabei und sollst deinem (deiner) englischen Brieffreund(in) erklären, was in der Welt passiert ist.*

1. Der Monsun *(monsoon)* ist in Indien *(India)* angekommen.
2. Gestern sind in Indien 10 cm Regen gefallen.
3. Alle Züge hatten Verspätung.
4. In den USA hat eine Frau Fünflinge geboren *(to have quins)*.
5. Die Geburt war schwierig.
6. FC Bayern hat das Derby gewonnen.
7. TSV 1860 schoss das erste Tor.
8. Dann schoss FC Bayern ein Tor.
9. Sie schossen (in der letzten Minute) noch ein Tor.

*Sandra und ihre Mutter sind allein zu Hause.*

1. Mutter: Ich habe gerade Tee gemacht. (Magst du einen Tee?)
2. Sandra: (Ja, bitte.) Ich habe heute noch keinen Tee getrunken.
3. Mama, hast du schon meine neuen Ohrringe gesehen?
4. Mutter: Nein (Kurzantwort).
5. Sandra: Ich habe sie in München gekauft. Sie waren nicht sehr teuer.
6. Mutter: Sie sind schön. Hast du sie letzte Woche gekauft?
7. Sandra: Ja (Kurzantwort). Und Papa hat die Teekanne gekauft.
8. Mutter: (Du, Sandra,) was ist mit der alten Teekanne passiert?
9. Sandra: Äh … also, Papa hat sie letzte Woche fallen gelassen.
10. Hat er es dir noch nicht gesagt?

**11.** Mutter: Nein (Kurzantwort). Und was ist dann passiert?
**12.** Sandra: Na ja, sie ist (natürlich) kaputtgegangen *(to break)*.

# 10 Übersetzung von „(nicht) dürfen, (nicht) müssen" und „(nicht) können"

Mit den Hilfsverben *may, must* und *can* kannst du nicht viele Zeiten bilden. Auch im *present tense* können sie nicht immer verwendet werden. Wie kannst du dir also helfen? Die Beispiele zeigen es dir.

| | |
|---|---|
| 1. **Ich darf** schon mal in die Disko gehen. | **I am allowed** to go to discos sometimes. |
| 2. Aber nach 22 Uhr **darf** ich **nicht** dort bleiben. | But I'm **not allowed** to stay after ten o'clock. |
| 3. Um 22 Uhr **muss** ich nach Hause. | At ten o'clock I **have to** go home. |
| 4. Meine Freunde **müssen nicht** so früh weggehen. | My friends **don't have to** leave so early. |
| 5. Jetzt **muss** ich schnell nach Hause. Robbie Williams kommt im Fernsehen und ich **darf** ihn **nicht** verpasssen! | I **must** rush home now. Robbie Williams is going to be on TV and I **mustn't** miss him! |

➲ Die Hilfsverben *may (not), must (not), needn't* werden nur dann verwendet, wenn eine persönliche Meinung ausgedrückt wird (5).

| **Futur :** | **Vergangenheit:** |
|---|---|
| *will be allowed to,* | *was allowed to,* |
| *won't be allowed to;* | *wasn't allowed to;* |
| *will have to, won't have to* | *had to, didn't have to* |

➲ *Be able to* wird im *present tense* selten gebraucht. In den Übungen kommt nur das Futur *(will / won't be able to)* beziehungsweise *present tense (can / can't)* vor.

➲ Wenn du über ein eigenes Bedürfnis sprichst, dann übersetzt du „müssen" mit *must* (5).

➲ Wenn du davon sprichst, dass du etwas machen musst, weil es dir jemand aufgetragen hat, dann verwendest du *have to* (3).

➲ Bei der Verneinung ersetzt du *must* durch *needn't* und für *have to* nimmst du *not have to*. Aber wenn du nicht sicher bist, ist *(not) have to* die sichere Wahl.

## Jetzt bist du dran.

Lösung ➲68

Hier brauchst du nur *be allowed to, have to, not be allowed to, not have to* im *present, simple past* und *future*.

*Anke und Sandra hatten eines Nachmittages vor, ins Hallenbad zu gehen. Ankes kleine Schwester Hannah wollte mit.*

1. Aber sie durfte nicht mitgehen.
2. Sie musste zu Hause bleiben.
3. Sie musste ein Bild für die Schule malen.
4. Anke und Sandra mussten nichts für die Schule machen.
5. Hannah: Es ist nicht fair. Anke darf immer schwimmen gehen.
6. Auch letzte Woche durfte sie ins Hallenbad (und ich nicht).
7. Ich muss immer zu Hause bleiben.
8. Anke: (Ach, Blödsinn!) Du musst nicht immer zu Hause bleiben.
9. Nur manchmal (, wenn du Hausaufgaben hast,) darfst du nicht mitgehen.
10. Wahrscheinlich wirst du das nächste Mal mit uns schwimmen gehen dürfen.

1. Sandra: (Denk nur, Anke.) In fünf Jahren werden wir Auto fahren dürfen.
2. Wir werden nicht immer mit dem Bus fahren müssen.
3. Anke: Ja. Aber wir werden erst einmal den Führerschein machen müssen *(to take a driving test)*.
4. (Ohne Führerschein) werden wir nicht fahren dürfen.

In dieser Übung verwendest du *be able to (future tense)* und *can (present tense)* als Übersetzungen für „können“.

**3.**

*Manchmal passt Anke auf das Nachbarskind Jasmin auf. Es ist erst ein Jahr alt.*

1. Jasmin kann laufen.
2. Sie kann aber noch nicht sprechen.
3. Nächstes Jahr wird Jasmin sprechen können.
4. Sie wird vieles machen können.
5. Natürlich wird sie (noch) nicht lesen können.
6. Selbst vierjährige Kinder können (noch) nicht lesen.
7. Sie wird nicht Fahrrad fahren können.
8. Aber sie wird einen Löffel benutzen können.
9. Und sie wird die Tür aufmachen können.

**4**

Hier musst du dich zwischen *must* und *have to* entscheiden.
*Anke und Sandra verlassen das Haus ...*

1. Mutter: (Bis später, ihr zwei.) Anke, du musst eine Mütze aufsetzen *(to put a hat on)*, wenn du vom Schwimmbad (oder: Hallenbad) nach Hause kommst.
2. Anke: (Ja, Mama. Ciao.) (Zu Sandra:) Ich muss immer eine Mütze aufsetzen, wenn ich vom Hallenbad nach Hause komme.
3. Im Sommer muss ich nicht (– aber trotzdem).
4. Sandra: Schau, da kommt der Bus! Wir müssen uns beeilen.
5. Anke: Wir müssen versuchen, zwei Sitze ganz hinten *(right at the back)* zu bekommen.
6. Anke: Wir müssen hier aussteigen.
7. Sandra: Ich weiß. Das musst du mir nicht sagen.
8. Anke: (Ja, ja, reg dich ab.) Ist hier der Eingang oder müssen wir hinten herum gehen?

*Beim Umziehen rufen sie sich zu:*

9. Sandra: Hast du meinen neuen Badeanzug gesehen? Den musst du dir anschauen! (Er ist so cool.)
10. Anke: Gut. Aber ich muss mich erst einmal umziehen *(to get changed)*.
11. Sandra: Bist du immer noch nicht fertig? Um sechs müssen wir wieder zu Hause sein.
12. Anke: Es ist erst halb vier. Wir müssen uns nicht beeilen.

# „Present perfect progressive“ und „simple present perfect“ im Vergleich



Du kennst die Verlaufsform bereits und weißt, dass sie eine Besonderheit des Englischen ist, für die wir im Deutschen keine Entsprechung haben. Auch im Perfekt hat sie eine etwas andere Bedeutung als die einfache Form.

| | | |
|---|---|---|
| **1.** | Der Supermarkt **verkauft** schon seit Weihnachten / seit zwei Monaten Ostereier. | The supermarket **has been selling** easter eggs since Christmas / for two months. |
| **2.** | Sie **haben** schon hundert Stück **verkauft.** | They**'ve** already **sold** a hundred. |

➲ Die Verlaufsform beschreibt eine Handlung („Ostereier verkaufen"). Diese Handlung ist meistens noch nicht abgeschlossen (der Supermarkt verkauft noch immer Ostereier). Stelle dir vor, du könntest „ist dabei gewesen (etwas zu machen)" einfügen, dann liegst du mit *present perfect progressive* richtig.

➲ „Seit" mit Präsens im Deutschen ist ein Signalwort für *present perfect progressive*.

➲ Die *simple form* (2) verwenden wir, um ein Ereignis oder Ergebnis auszudrücken („hundert Ostereier verkauft zu haben"). Dieses Ereignis hat noch Bedeutung in der Gegenwart.

## Jetzt bist du dran.

Lösung ➲71

*Ein junger Mann klingelt bei Sandras Familie. Er macht eine Umfrage, in der es darum geht, wie die Durchschnittsfamilie ihren Samstagvormittag verbringt.*

1. Was haben Sie, gnädige Frau *(madam)* heute Morgen gemacht (, wenn ich fragen darf)?
2. Mutter: Ich habe meinen Haushalt gemacht.
3. Mann: Und was haben Ihre Kinder gemacht?
4. Sandra: Ich habe an meinem Faschingskostüm gearbeitet.

5. Mein Bruder lag den ganzen Vormittag über im Bett (im Englischen Perfekt).
6. Er sagt, er ist dabei gewesen zu wachsen.
7. Mein Vater hat versucht, das Auto zu reparieren.

**_Progressive_ oder _simple_?**

*Die Familie Schmidt hat keine Zeit, bei der Umfrage mitzumachen. Anke erzählt Sandra am Telefon, warum ...*

1. Ich arbeite seit 9 Uhr an meinem Faschingskostüm.
2. Ich habe den Hut noch nicht gemacht.
3. Hannah hat ihr Meerschweinchen verloren.
4. Sie sucht es seit zwei Stunden.
5. Sie hat es noch nicht gefunden.
6. Mein Vater ist den ganzen Vormittag dabei gewesen, das Auto zu reparieren.
7. Lisa übt seit einer Stunde Geige.
8. Sie lernt seit September Geige.
9. Hast du sie schon einmal gehört? *(Have you ever ...)*
10. Mama schreibt seit dem Frühstück Briefe.
11. Zwei hat sie schon geschrieben und jetzt schreibt sie noch einen *(another one)*.
12. Und du, Sandra? Was hast du heute Morgen *(this morning)* gemacht?

# Nebensätze mit „when“ und Bedingungssätze



Man weiß nie, was der nächste Tag bringt. Oder? Tom und Jojo haben vor, zu einem Eishockeyspiel zu gehen.

| | |
|---|---|
| 1. **Wenn** wir dort ankommen, wird es sehr laut sein. | **When** we get there it will be very noisy. |
| 2. Es wird schon dunkel sein, **wenn** wir nach Hause kommen. | It will already be dark **when** we get home. |
| 3. **Wenn** wir David und Marc sehen, setzen wir uns zu ihnen. | **If** we see David and Marc, we'll sit with them. |
| 4. **Wenn** unsere Mannschaft gewinnt, kommt sie in das Halbfinale. | **If** our team wins, they'll go into the semi-finals. |
| 5. **Wenn** wir die Spieler sehen, müssen wir (unbedingt) Autogramme von ihnen bekommen. | **If** we see the players, we must get their autographs. |
| 6. **Wenn** du einen Spieler siehst, sag's mir! | **If** you see a player, tell me. |
| 7. Sie sagen nie Nein, **wenn** man höflich um ein Autogramm bittet. | They never say no **if / when** you ask them nicely for an autograph. |

➲ Wenn ein Ereignis sehr wahrscheinlich ist, verwendest du *when* für „wenn“ (1, 2).

➲ Handelt es sich um eine Möglichkeit, die nicht ganz sicher ist, dann verwendest du *if* für „wenn“. Im Deutschen könntest du auch „falls“ anstelle von „wenn“ sagen.

➲ Nach *if-clauses* und *when-clauses* muss nicht immer nur das *will-future* folgen. Die Beispiele zeigen, dass es auch ein modales Hilfsverb (5), ein Imperativ (6) oder das *simple present* (7) sein kann, das nur nach Verallgemeinerungen (immer, nie, usw.) möglich ist.

*Now, if you understand all that – do the exercises!*

Lösung ➲72

## Jetzt bist du dran.

*Hannah macht sich über die Zukunft Gedanken …*

1. (Du, Anke, stell dir vor,) wenn ich siebzehn bin, wirst du schon zwanzig sein.
2. Wenn du zwanzig bist, wirst du Autofahren können *(to be able to drive a car)*.
3. Und wenn ich zwanzig bin, wird Lisa schon sechsundzwanzig sein.
4. Wenn sie sechsundzwanzig ist, wird sie vielleicht ein Kind haben.
5. Wenn Lisa Kinder hat, dann werden wir Tanten sein.
6. Und wenn wir Tanten sind, sind Mama und Papa Großeltern.

1. Sandra: Wenn ich eine Sechs in Englisch bekomme, sterbe ich (auf der Stelle).
2. Anke: Ich werde sehr überrascht sein, wenn du eine Sechs in Englisch bekommst.
3. Aber wenn man eine Sechs im Zwischenzeugnis *(interim report)* hat, ist das nicht so schlimm.
4. Wenn du hart arbeitest, kannst du im Sommer eine bessere Note bekommen.
5. Also – wenn es passiert, mach dir keine Sorgen!

*Anke und Sandra haben ihre Faschingskostüme fertig genäht und wollen zur Faschingsparty in der Schule. Sie beginnt um 19 Uhr …*

1. Anke: Wenn wir mit dem Bus um 18.15 Uhr fahren, werden wir um 18.34 Uhr an der Schule sein.
2. Wir ziehen uns um, wenn wir dort ankommen.
3. Sandra: Wenn wir uns zu Hause umziehen, können wir Zeit sparen.
4. Ich ziehe mich immer vorher um, wenn ich auf eine Party gehe.
5. Anke: Aber ich komme mir immer so blöd vor, wenn ich (im Faschingskostüm) ausgehe.
6. Mutter: Ihr werdet den Bus verpassen, wenn ihr euch nicht bald entscheidet.
7. Übrigens, wenn es dort Alkohol gibt, trinkt ihn nicht!
8. Wenn die Party zu Ende ist, müsst ihr mich anrufen.
9. Wenn ihr mich anruft, benutzt eine Telefonkarte.
10. Nehmt meine Karte, wenn ihr wollt.

# Relativsätze 13

*Which, who* und *whose* sind nicht nur Fragewörter, sondern auch Relativpronomen. Dazu kommt noch *that*, ähnlich dem deutschen „der, die, das“ als Relativpronomen.

| | |
|---|---|
| 1. Da ist der Junge, **der** in Filmen spielt. | There's the boy **who / that** plays in films. |
| 2. Du weißt schon, der Junge, **dessen** Vater Regisseur ist. | You know, the boy **whose** father is a film director. |
| 3. Er ist in dem Film, **der** zur Zeit im Kino läuft. | He's in the film **that / which** is on at the cinema at the moment. |

➲ Du kannst sowohl für *who* als auch für *which* auch *that* nehmen (1 und 3).

- Für „dessen“ oder „deren“ verwendest du im Englischen *whose*.
- Im Englischen setzt du kein Komma vor das Relativpronomen. Ein Komma würde dem Satz eine andere Bedeutung geben, deswegen ist es besonders wichtig es wegzulassen!

Lösung ➲ 74

## Jetzt bist du dran.

*Sandra und ihre Mutter besuchen das Schulkonzert. Der Schulchor steht bereits auf der Bühne.*

1. Sandra: Der Junge, der neben Anke steht, ist Italiener.
2. Es ist der Junge, dessen Mutter Italienisch-Unterricht gibt.
3. Mutter: Und wer ist das Mädchen, das die roten Haare und Sommersprossen hat?
4. Sandra: Das ist Anna. Es ist das Mädchen, das am besten singt.
5. Mutter: Und wer ist der Junge, dessen Hemd aus der Hose hängt?
6. Sandra: Das ist Ferdi, der Junge, der in Anke verliebt ist.
7. Und Anke ist verliebt in den Jungen, der neben Lisa steht.
8. Dort drüben ist die Lehrerin, deren Mann mit Papa arbeitet.

*Hannah hat ihrer Familie schon längst vom Schullandheim erzählt. Jetzt sind die Fotos endlich da. Für die Ereignisse im Schullandheim verwendest du immer* simple past: *z. B.* ate.

1. Hannah: Schau, hier ist das Pferd, das Zucker aus meiner Hand gefressen hat.
2. Und das ist der Hund, dessen Hundehütte *(kennel)* draußen war.
3. Mutter: Ist das die Glocke, die jede Stunde läutete?
4. Hannah: Ja (Kurzantwort). Und hier ist Emilia, neben dem Traktor, der später eine Panne hatte *(to break down)*.
5. Lisa: Wo ist der Hahn, der euch jeden Morgen geweckt hat?
6. Hannah: Ich glaube, ich habe ein Foto, das ihn zeigt.
7. Hier ist er. Er sitzt auf dem Zaun, der im Sturm zerbrach *(to break)*.

*Anke und Sandra sind auf der Faschingsparty.*

1. Anke: Schau, Sandra, der Junge, der dich mag, tanzt mit Paula Timms.
2. Sandra: Der Junge, der mit uns Basketball spielt?
3. Anke: Ja, sie sind neben der Tür, die zum Lehrerzimmer führt.
4. Sandra: Er ist blöd. Siehst du die zwei Mädchen, deren Haare grün gefärbt sind *(is dyed green)*?
5. Das Mädchen, das gerade Cola trinkt, ist neu.
6. Sie kommt von der Schule, die letztes Jahr das Basketball-Turnier *(basketball tournament)* gewonnen hat.

## Relativsätze mit und ohne Relativpronomen

**14**

Im Deutschen brauchst du in einem Relativsatz immer ein Relativpronomen. Die Engländer machen es sich da einfacher. Wenn das Relativpronomen das Objekt des Relativsatzes ist (du also Wen oder was? fragen kannst), dann kannst du es im Englischen auch weglassen. Dies heißt dann *contact clause*. Schau die Beispiele an, dann wird es klarer. Ø bedeutet: kein Relativpronomen.

| | |
|---|---|
| 1. Hast du das Fenster gesehen, **das** der Dieb eingeschlagen hat? | Have you seen the window **which / that / Ø** the thief broke? |
| 2. Ja. Ich habe sogar den Stein gesehen, **mit dem** er es eingeschlagen hat. | Yes, I have. I've even seen the stone **which / that / Ø** he broke it **with.** |
| 3. Hast du den Polizist gesehen, **den** er angegriffen hat? | Did you see the policeman **who / that / Ø** he attacked? |

➲ Als *contact clause* würde der erste Satz also lauten: *Have you seen the window the thief broke?*

➲ Verwendest du eine Präposition, dann stellst du sie hinter den eigentlichen Satz *(he broke it)* (2).

Lösung 76

## *Jetzt bist du dran.*

*Lisas Freundin, Franzi, ist neulich in England bei Verwandten gewesen. Sie erzählt Lisa davon.*

1. Der Urlaub, den ich in England verbrachte, war toll.
2. Ich sah die Schule, die meine kleine Cousine besucht.
3. Die Uniform, die die Kinder tragen, ist grau und rot.
4. Meine Cousine mag die Uniform nicht, die sie tragen muss.
5. Die Farbe, in der sie am besten ausschaut, ist blau.

1. Die Leute, mit denen ich sprach, waren alle sehr freundlich.
2. Aber viele Leute, die ich kennen lernte, sprachen zu schnell für mich.
3. Ich mochte die Kinder, mit denen meine Cousine spielte.
4. Die Männer, mit denen mein Onkel Rugby spielt, haben versucht, mit mir Deutsch zu sprechen.

1. Das Deutsch, das sie sprachen, war komisch.
2. Einer der Männer, die ich kennen lernte, will mir einen Brief schreiben.
3. Hier sind die Fotos, die ich dort machte.
4. Schau, das ist das Zimmer, in dem ich schlief.
5. Und das sind zwei Frauen, die meine Tante kennt.
6. Die Sprache, die meine Tante am besten spricht, ist Englisch (, obwohl sie Deutsche ist).
7. Die Zeitungen, die sie liest, sind englische Zeitungen.
8. Und die Leute, die sie jeden Tag sieht, sind Engländer.
9. Das ist etwas, das sie schwierig findet.
10. Die Sprache, die sie (als Kind) sprach, kann sie nicht benutzen.

In dieser Übung kommen *who* und *which* mal als Objekt und mal als Subjekt des Relativsatzes vor. Auch *whose* ist dabei. Wenn du unsicher bist, dann schau im Kapitel 13 noch einmal nach!

*Franzi zeigt Lisa ein Foto von einem Fest.*

1. Der Mann, der winkt, ist mein Onkel.
2. Die Frau, der er zuwinkt *(to wave to someone)*, ist seine Schwester.
3. Hier ist meine Cousine. Der Junge, den sie anschaut, wohnt nebenan *(next door)*.
4. Es ist der Junge, dessen Mutter Deutsch unterrichtet.
5. Ich trage gerade den Pulli, den ich auf dem Foto anhabe.
6. Da ist der Hund, mit dem ich Probleme gehabt habe.
7. Es ist der Hund, der immer gebellt hat, wenn er mich sah.

# Das Gerund **15**

Du kennst die *ing*-Form schon. Meist hast du sie für die Verlaufsform verwendet. Aber es gibt noch eine andere Wortart, die zwar wie ein Verb aussieht, aber im Satz die Funktion eines Hauptwortes (eines Nomens) einnimmt.

| | |
|---|---|
| 1. Für die Schule **steht** Sophie sehr ungern früh **auf**. | Sophie hates **getting up** early for school. |
| 2. Aber sie **fährt** sehr gern **Ski**. | But she's keen on **skiing**. / She loves **skiing**. |
| 3. Sie hat nichts dagegen, zum **Skifahren** früh **aufzustehen**. | She doesn't mind **getting up** early for **skiing**. |
| 4. Das ist etwas anderes, sagt sie. **Skifahren** macht Spaß. | That's different, she says. **Skiing** is fun. |

➲ Nach bestimmten Wörtern, wie *love, like, enjoy, hate, prefer* folgt im Englischen meist ein Nomen oder eben ein Gerund.

➲ Manchmal sind es auch Verben mit Präpositionen *(to be keen on)* (2).

Lösung
78

## Jetzt bist du dran.

*Der kleine Christian geht in die erste Klasse. Anke fragt seine große Schwester Stefanie, wie es Christian in der Schule so geht.*

1. Stefanie: Na ja, eigentlich geht er nicht gern in die Schule.
2. Er spielt gern mit Autos.
3. Er fährt sehr gern *(love)* Rad.
4. Er sitzt sehr ungern *(hate)* still.
5. Wir sagen ihm immer: Lesen macht Spaß.
6. Dann antwortet er: Mädchen lesen gern *(enjoy)*.
7. Aber für Jungs ist das Lesen nichts *(no fun)*.

*Sandra schreibt an Holly, ihre Brieffreundin in England. Hier sind einige Auszüge aus dem Brief. Wie würde Holly diese Sätze wohl für ihre Familie übersetzen?*

1. Eines meiner Hobbys ist das Nähen.
2. Faschingskostüme zu nähen ist toll.
3. Ich gehe auch gern in Diskos mit meiner Freundin Anke.
4. Schwimmen tue ich nicht gern, denn ich habe Angst vor dem Ertrinken.
5. Schwimmst du gern?
6. Mein Bruder ist daran interessiert ein Schwimmabzeichen zu machen.
7. Er hat angefangen jede Woche zu trainieren.
8. Es macht ihm nichts aus, jeden Samstag um 7 Uhr aufzustehen, um sein Training zu machen.
9. Er kann gut schwimmen *(be good at)*.

# Wh-Fragen mit Präpositionen



Wenn du einen deutschen Fragesatz ins Englische übersetzen willst, dann musst du auf die Stellung der Präposition achten. Die unterscheidet sich nämlich in beiden Sprachen.

| | |
|---|---|
| 1. **Woher** kommt deine Brieffreundin? | **Where** does your penfriend come **from**? |
| 2. **Wofür** interessiert sie sich eigentlich? | **What** is she interested **in**, actually? |
| 3. **Mit wem** ist sie nach Deutschland gekommen? | **Who** did she come to Germany **with**? |
| 4. **Warum** schaut sie so traurig aus? | **Why** does she look so sad? (= **What** does she look so sad **for / about**?) |

➲ Die Präposition nimmt im englischen Fragesatz die gleiche Stellung ein, die sie in der Antwort auf die Frage haben würde. Bilde also die Antwort und du weißt, wo du die Präposition im Fragesatz unterbringen musst.

*What are we waiting for??*

Lösung ➲ 79

## Jetzt bist du dran.

Die englischen Sätze helfen dir, die richtige Stellung der Präposition zu erkennen.

*Lisa hat einen Brief bekommen. Hannah ist neugierig …*

1. Hannah: Von wem ist der Brief?
   Lisa: *It's from Simon.*
2. Hannah: Und an wen ist der Brief adressiert?
   Lisa: *It's addressed to me.*
3. Hannah: Worüber schreibt Simon?
   Lisa: *He writes about the holidays.*
4. Lisa: Was gaffst du (so) an?
   Hannah: *I'm staring at the letter, of course.*

5. Lisa: Woran bist du so interessiert?
Hannah: *I'm (so) interested in what he says.*
6. *I'm looking forward to it so much.*
Lisa: Worauf freust du dich, denn?
7. Hannah: *I'm looking forward to visiting him.*
Womit fahren wir?
8. Lisa: *I'm going to travel by train. You're not coming.*
Wo kommen deine Ideen (bloß) her?
9. Hannah: *They come from my brain, of course.*
Worüber ärgerst du dich so?
10. Lisa: *I'm getting angry about your questions.*
Warum willst du alles wissen?

*Die 6d hat gerade „Momo" von Michael Ende gelesen. Jetzt stellt Herr Guthmut Fragen zum Buch.*

1. Von wem ist das Buch *(by)*?
2. Wovon handelt die Geschichte *(about)*?
3. Mit wem spielt Momo?
4. Wem gehört Kassiopeia?
5. Wohin führt Kassiopeia Momo *(to)*?
6. Wovor hat Momo Angst?
7. Für wen arbeiten die grauen Männer?
8. Was suchen sie?
9. Mit wem geht Momo nach Hause am Ende der Geschichte?

# „Some, any" und ihre Zusammensetzungen **17**

Du verwendest im Englischen *some* und *any* auch an Stellen, wo du im Deutschen nicht unbedingt „einige" oder „etwas" sagen würdest. Die Beispiele zeigen dir wieder, wie es funktioniert.

| | |
|---|---|
| 1. Hannah: Haben wir (einige) Kekse? | Have we got **any** biscuits? |
| 2. Mama: Nein, wir haben keine Kekse. | No, we haven't got **any** biscuits. |
| 3. Aber Kuchen haben wir. | But we've got **some** cake. |
| 4. Möchtest du Kuchen? | Would you like **some** cake? |
| 5. Anke: Cool! Darf ich auch Kuchen haben? | Cool! Can I have **some** (cake), too? |

➲ Du verwendest *some* in Aussagesätzen (3).

➲ Du verwendest *any* in Fragesätzen und verneinten Sätzen (1, 2).

➲ Achtung: Wenn es sich um ein Angebot (4) oder um eine Bitte (5) handelt, dann nimmst du *some*, obwohl es Fragesätze sind.

➲ Die Zusammensetzungen *something / anything, someone / anyone, somewhere / anywhere* verhalten sich genauso.

*Any questions? No? Then here are some exercises for you.*

## Jetzt bist du dran.

Lösung ➲80

*Hannah und ihre Freundin Emilia sind am Besucherpark des Flughafens.*

1. Emilia: Ich sehe einige British Airways Flugzeuge.
2. Hannah: Ich sehe keine *(I can't ...)*.
3. Emilia: Schau dort hin. Da sind einige Gebäude und vor den Gebäuden sind (einige) Flugzeuge.
4. Hannah: Ach, jetzt sehe ich auch einige.
5. Siehst du irgendwelche Hubschrauber? Ich nicht *(Can you ...? / can't)*.
6. Emilia: Nein, ich sehe keine Hubschrauber.

7. Aber ich habe gerade einige Kinder gesehen (, mit einem Eis in der Hand).
8. Hast du Geld dabei?
9. Hannah: Ja. Ich will aber Pommes kaufen.
10. Emilia: Gute Idee. Kaufen wir Pommes!

**2.**

*Eine Dame erkundigt sich im Café …*

1. Haben Sie grünen Tee?
2. (Nein, leider nicht.) Möchten Sie schwarzen Tee?
3. (Nein, danke.) Könnte ich bitte Pfefferminztee haben?
4. (Natürlich.) (Sonst) noch etwas?
5. Könnte ich bitte einige Semmeln und Butter haben?
6. Und haben Sie Erdbeermarmelade?

**3.**

*Anke hat Fieber …*

1. Mutter: Ich habe dir etwas Wasser gebracht.
2. Willst du noch etwas?
3. Anke: Nein, ich will sonst nichts.
4. Hannah: Anke, ich will dir was zeigen.
5. Anke: Ich bin (doch) krank. Ich will nichts sehen.
6. Hannah: Es ist etwas Schönes.
7. (Oh, es klingelt.) Irgendjemand ist an der Tür.
8. Vielleicht ist es jemand für mich.
9. Sandra: Hallo, Hannah. Hast du Anke irgendwo gesehen?
10. Wir finden sie nirgendwo *(We can't find her …)*.
11. Hannah: Sie ist krank. Anke! Möchtest du Besuch *(visitors)* haben?
12. Anke: Kommt herein. Ich brauche jemand (, der mich aufheitert).
13. Sandra: (Du Arme.) Soll ich dir etwas zum Lesen bringen?
14. Ich habe einige gute Comic-Hefte zu Hause.
15. Anke: Nein, im Augenblick kann ich nichts lesen.

# Die Übersetzung von „jeder, jede, jedes, keine, keiner, keines“ und „alle“

**18**

Diese Wörter kommen dir häufig über den Weg. Gut, wenn du sie sicher übersetzen und im Englischen richtig anwenden kannst.

| | |
|---|---|
| 1. **Jeder** weiß, dass der Mond aus Käse ist. | **Everyone** knows that the moon is made of cheese. |
| 2. Frag **jeden,** den du fragen willst. | Ask **anyone** you want to. |
| 3. Die Mondmenschen essen den **ganzen Tag** Käse. | The moon people eat cheese **all day**. |
| 4. Eines Tages wird der Mond **ganz** weg sein. | One day the moon will be **all** gone. |
| 5. Es wird **nichts** übrig sein – kein Käse und kein Mond. | There will be **nothing** left – no cheese, and no moon. |

- „Jeder“ (auch im Sinne von „alle“) heißt *every* (1).
- „Alle“ im Sinne von „ganz“ heißt *all (the)* (3, 4).
- „Kein“ heißt *no* oder (besonders als Objekt) *not … any.*
- „Jeder beliebige“ heißt *any* (2).

*Every, all* und *any* sind manchmal schwer zu unterscheiden. Wenn du das Gefühl hast, dass sie noch immer verschwommen sind, schau erst mal die Lösungen an. Dann mache die Übungen.

Lösung ➔ 82

## *Jetzt bist du dran.*

### ***Every* oder *all*?**

*In der Schule gibt es Feueralarm. Die Schüler bekommen viele Anweisungen.*

1. Macht alle Fenster zu.
2. Schaltet alle Lichter aus.
3. Ihr müsst alle in den Schulhof gehen.
4. Die Lehrer müssen schauen *(see)*, dass jeder da ist.
5. Ihr müsst alles im Klassenzimmer lassen.
6. Jede Minute zählt.
7. Alle Feuer sind gefährlich.

### ***Every* oder *any*?**

*Lisa geht zu Elisabeth, der Nachbarin, wo sie heute Abend auf die Kinder aufpassen soll.*

1. Elisabeth: Ich glaube, du wirst alles finden, was du brauchst.
2. Wenn du Hunger hast, kannst du alles, was du willst, aus dem Kühlschrank nehmen.
3. Schreib jeden Anruf für mich auf.
4. Jedes Mal, wenn ich ausgehe, ruft irgendjemand an.
5. Alle sagen, ich brauche einen Anrufbeantworter *(answer-phone)*.
6. Jedenfalls, danke (, dass du gekommen bist).
7. Lisa: Nichts zu danken *(No trouble)*. Ich babysitte *(will-future)* jederzeit für dich.

### ***No – not any***

*Andy, ein Freund von Paul, hat seine Gitarre verloren.*

1. Andy schaute im Schrank nach, aber da war nichts.
2. Er schaute überall, aber die Gitarre war nirgendwo zu sehen.
3. Er fragte jeden, aber keiner wusste etwas.
4. Er fragte Paul. „Keine Ahnung“, sagte Paul.

5. „Ich habe nichts gesehen."
6. „Ich habe niemanden mit deiner Gitarre gesehen. Du musst es der Polizei sagen."
7. Andy sagte nichts.
8. Dann sagte er traurig: „Die Polizei wird nichts machen können."

*Der arme Hund Lolly.*

1. Alle Hunde haben ein Zuhause.
2. Alle, außer Lolly.
3. Sie hat kein Zuhause.
4. Keiner liebt sie.
5. Jeder sagt, sie sei dreckig.
6. „Jeder kann sehen, dass der Hund Flöhe *(fleas)* hat", sagen die Erwachsenen.
7. Lolly kann überall schlafen – unter einer Brücke, in einer Scheune.
8. Sie kennt alle Hunde in der Nachbarschaft.
9. Sie hat aber keine Freunde.
10. Alles, was sie macht, ist falsch.
11. Überall, wo sie hingeht (, wird sie weggejagt).
12. Gibt es keine Hoffnung für Lolly?

# 19 *Wiederholung der Zeitformen*

Hier hast du Gelegenheit, alle Zeitformen, die du bisher kennen gelernt hast, ausgiebig zu üben. Damit du dich leichter an das erinnerst, was du bisher schon gelernt hast, solltest du wieder mit den Beispielen beginnen.

| | | |
|---|---|---|
| 1. | Paul **spielt** in einer Band. | Paul **plays** in a band. **(simple present)** |
| 2. | Die Jungen **spielen** erst seit ein paar Monaten zusammen. | The boys **have** only **been playing** together for a few months. **(present perfect progressive)** |
| 3. | Sie **üben gerade** jetzt. | They **are practising** right now. **(present progressive)** |
| 4. | Sie **haben** schon drei Lieder **gespielt**. | They **have** already **played** three songs. **(present perfect)** |
| 5. | Letzte Woche **haben** sie die gleichen Lieder **gespielt** / **spielten** sie die gleichen Lieder. | Last week they **played** the same songs. **(simple past)** |
| 6. | Während sie **spielten**, kam Lisa herein. | While they **were playing**, Lisa came in. **(past progressive)** |
| 7. | Sie sagte: „Eines Tages **werdet** ihr wahrscheinlich berühmt **sein**." | She said: "One day you **will** probably **be** famous." **(will-future)** |

➲ Du erinnerst dich bestimmt, dass es für die Verlaufsform im Englischen keine deutsche Entsprechung gibt (2, 3, 6). Darum musst du bei einem deutschen Satz stets genau überlegen, ob nicht im Englischen die Verlaufsform gewählt werden muss.

## Jetzt bist du dran.

Lösung ➲ 84

### *Simple present* oder *present progressive*?

1. Papa: Was macht Anke gerade?
2. Sie spielt (doch) nicht mit meinem Computer, oder?
3. Mama: Nein (Kurzantwort). Sie spielt nie mit dem Computer.
4. Aber im Augenblick benutzt sie ihn. – Für was?
5. Mama: Sie schreibt Einladungen für ihre Geburtstagsparty.
6. Papa: Benutzt sie oft meinen Computer?
7. Mama: Ja (Kurzantwort). Manchmal macht sie ihre Hausaufgaben damit (hier: *on it*).
8. Die Kinder benutzen ihn meistens wenn du in der Arbeit bist *(at work)*.

### *Simple past* oder *past progressive*?

*Linda hat sich ein Bein gebrochen. Anke möchte wissen, wie es passiert ist.*

1. Sandra: Sie stand auf einer Leiter, als die Leiter wegrutschte *(slip)*.
2. Anke: Was machte sie gerade auf einer Leiter?
3. Sandra: Sie malte (Kulissen) für ein Theaterstück.
4. Herr Guthmut rief sofort den Notarzt.
5. Hast du heute Morgen die Sirene nicht gehört?
6. Anke: Doch, ich habe eine Sirene gehört.
7. Ich spielte gerade Karten mit David und Tom.
8. Sandra: Ich sah den Krankenwagen.
9. Er fuhr sehr schnell.

### *Present perfect* oder *simple past*?

1. Am nächsten Tag besuchten Anke und Sandra ihre Freundin Linda im Krankenhaus.
2. Linda: Hi! Vor zwei Minuten habe ich euch vom Fenster aus gesehen.
3. Ihr seid mit dem Bus gekommen, gell?

4. Sandra: Ja (Kurzantwort). Wir haben dir Blumen mitgebracht.
5. Wie geht es dir jetzt? Hast du den Schock (schon) überwunden?
6. Linda: Ja, aber das Bein hat noch nicht aufgehört weh zu tun *(hurt). (Gerund!)*
7. Anke: Du Arme. Hast du letzte Nacht gut geschlafen?
8. Linda: Eigentlich nicht, aber ich habe heute ein bisschen geschlafen und jetzt fühle ich mich wohler.

Das deutsche Präsens wird im Englischen auf unterschiedliche Weise übersetzt: *present progressive, simple present, will-future* und *present perfect progressive (have been doing).* Versuche in dieser Übung die richtige Wahl zu treffen!

1. Hannahs Meerschweinchen Lucky läuft oft weg.
2. Es versteckt sich gern. *(Gerund!)*
3. Hannah sucht es gerade.
4. Jetzt schaut sie unter das Sofa.
5. Sie sagt zu Anke: Ich suche Lucky seit einer Stunde.
6. Anke: Ich helfe dir.
7. Ich suche im Wohnzimmer.
8. Ich mache seit zwei Uhr Hausaufgaben.
9. Ich brauche eine Abwechslung *(a change).*
10. Lisa: Sucht ihr Lucky? Er spielt seit einer Stunde auf meinem Bett. Ich hole ihn für euch.

Erinnerst du dich an die zwei *futures*: mit *will* und *going to*? In dieser Übung kommen beide vor.

*Anke hat bald Geburtstag. Seit Wochen plant sie eine Party.*

1. Sandra: Wie viele Leute wirst du einladen?
2. Anke: Ich werde alle meine Freunde einladen. Auch ein paar Jungen.
3. Sandra: Ich helfe dir mit der Party.
4. Anke: Danke. Wenn das Wetter gut ist, wird es fantastisch werden. Es wird eine Grillparty *(barbecue).*
5. Sandra: Super! Ich werde einen Salat mitbringen.

6. Anke: Das habe ich auf der Einladung geschrieben: Bitte bringt einen Salat mit. Also werden wir viele Salate haben.
7. Morgen kauft mein Vater einen neuen Grill, weil der alte kaputt ist.
8. Sandra: Es wird sicher eine wirklich gute Party werden *(I'm sure ...)*.

# Wiederholung der Präpositionen 20

Kein Bereich der englischen Sprache ist so mit Fallen übersät wie die Präpositionen. Zum Glück können sie aber erlernt werden und du hast hier die Gelegenheit, sie gezielt zu üben.

Die Beispiele zeigen die Bandbreite, die von Präpositionen eingenommen werden kann. Die deutsche Präposition „in" kann im Englischen auf sehr unterschiedliche Weise wiedergegeben werden.

| | |
|---|---|
| 1. David ist **in** England. | David is **in** England. |
| 2. Er sitzt hinten **in** einem Zug. | He's sitting **at** the back of a train. |
| 3. Er ist **im** Urlaub. | He's **on** holiday. |
| 4. Nächste Woche geht er wieder **in** die Schule. | Next week he's going back **to** school. |

Das waren vier verschiedene Übersetzungen für ein Wort, das besonders verlockend ist, weil es im Englischen völlig gleich aussieht. Vor solchen Verlockungen musst du in den nachfolgenden Übungen auf der Hut sein.

Übrigens: Dieses Kapitel bietet viele Übungssätze, weil verschiedene Punkte aus anderen Kapiteln gleichzeitig wiederholt werden. Du musst nicht alles machen – aber wir wissen ja, was den Meister macht!

Lösung
➔ 86

## *Jetzt bist du dran.*

**Einstiegsübung**

1. Anke und Sandra sind beim Bäcker.
2. Sie brauchen einige Sachen für die Party.
3. Anke will runde Semmeln mit Sesam *(sesame seeds)* kaufen.
4. Sandra mag lieber die langen, ohne Sesam.
5. Anke sagt: „Könnte ich bitte Semmeln haben? Zehn von den runden hinter dem Weißbrot *(white loaf)*.
6. Und zehn von diesen langen hier, neben den Brezen *(pretzels)*."
7. Die Verkäuferin tut alles in eine Tüte.
8. „Was hast du noch auf deiner Liste?", fragt Sandra.
9. „Würste –, aber die will ich in der Metzgerei kaufen."
10. Sie gehen aus der Bäckerei hinaus und über die Straße zur Metzgerei.

*Mitten in der Vorbereitung ruft Oma an. Hannah beschreibt ihr, wie alles ausschaut.*

1. Hannah: Jetzt sind es nur noch zwei Stunden bis die Party anfängt.
2. In der Mitte des Gartens haben wir ein Zelt aufgebaut.
3. Wenn es regnet, können wir alle ins Zelt hinein.
4. Papa musste auf einen Baum klettern (, um die Beleuchtung festzumachen).
5. Er hat die Boxen durch das Fenster gebracht.
6. Eine hat er auf den Hasenstall *(rabbit hutch)* gestellt, die andere unter den Baum.
7. Nein, die Hasen sind nicht da. Sie sind bei den Nachbarn.
8. Jetzt kommt gerade jemand auf unser Haus zu.
9. Es ist Jenny. Sie ist gerade aus einem Bus gestiegen.
10. Sie ist mit dem Bus gekommen, weil sie einen großen Kuchen mitbringt.
11. Normalerweise kommt sie zu Fuß *(on foot)*, denn sie wohnt in unserer Nähe.

*Fast alle Gäste sind da …*

1. Jenny: Ich gehe abends gern raus, besonders im Sommer.
2. Was soll ich mit dem Kuchen machen, den ich mitgebracht habe?
3. Anke: Oh, danke für den Kuchen! Stelle ihn auf den Tisch, auf die linke Seite zwischen den Obstsalat und die Chips.
4. David: Wo ist Tom? Er freut sich seit Wochen auf die Party.
5. Plötzlich fliegt ein Papierflieger *(paper plane)* über ihre Köpfe, am Baum vorbei und landet auf der Terrasse *(patio)*.
6. David: Wo kommt denn das her? (Im Englischen *simple past*!)
7. Er hebt den Flieger auf. Jemand hat darauf geschrieben: David, ich warte vor dem Haus auf dich. Komm heraus!
8. Tom wartet mit einer großen Tüte voller Konfetti. Er will auf das Dach hinaufklettern und das Konfetti hinunterwerfen. Aber nicht ohne David.
9. Sie sind noch unten, am Fuß der Treppe, als Ankes Mutter sie sieht.
10. Mutter: Sucht ihr die anderen? Und ist das ein Geschenk für Anke? Geht wieder hinaus und um das Haus herum, dann seht ihr sie.
11. Bei dem Lärm, den sie machen (, könnt ihr sie nicht verpassen.)
12. Die Jungen gehen schnell hinaus und durch den Garten zu ihren Freunden.
13. Auf dem Weg lassen sie die Tüte mit dem Konfetti unter einem Busch.

1. Anke: Von wem ist dieses Geschenk?
2. Alle sagen: Wir wissen nichts darüber.
3. Anke: Ich mache es auf.
4. Oh, toll – Konfetti! Möchte jemand Konfetti werfen *(any / some)*?
5. Alle werfen Konfetti, bis Ankes Vater aus dem Haus kommt.
6. Er schreit sie an: Ihr spinnt (wohl) *(You're crazy)*! Hört sofort auf!
7. Jeder muss beim Aufräumen helfen. Jeder, der nicht hilft, geht nach Hause.
8. Wem gehört das Konfetti?

1. Glücklicherweise ruft in diesem Augenblick Oma wieder an.
2. Ankes Vater geht wieder ins Haus.
3. Die Kinder räumen leise auf.
4. Oma sagt zu ihrem Sohn: Du sollst mit den Kindern Spiele spielen.
5. „Wirklich?", sagt er nervös ins Telefon.
6. Vater geht wieder aus dem Haus.
7. Für „Reise nach Jerusalem" sind die Kinder zu alt.
8. Aber sie spielen gern „Denkmal *(monument)* auf dem Stuhl, Expedition zum Nordpol" und „Mord im Dunkeln".
9. Nach den Spielen setzen sie sich um ein Lagerfeuer (und erzählen Gespenstergeschichten).
10. „Das war die beste Party, auf der ich je war", sagt Anke zu Sandra, als die Party um zehn Uhr zu Ende ist und alle nach Hause gehen.

# Lösungen

## 1 Question tags

*Question tags* haben entweder einen steigenden (z. B. 3.5) oder einen fallenden (z. B. 3.6) Stimmton. Das hängt davon ab, ob sie eine echte Frage darstellen (steigend) oder ein Floskel sind (fallend). Im geschriebenen Englisch ist das nicht immer klar.

1. You don't eat fish, *do* you?
2. You like cheese, *don't* you?
3. Your brother paints nice / beautiful pictures, *doesn't* he?
4. He doesn't play football, *does* he?
5. He painted this picture on the wall, *didn't* he?
6. Your parents didn't like it, *did* they?

Hauptverb wird in *question tags* nicht wiederholt, stattdessen kommt *to do*.

1. You've got a new flat, haven't you?
2. The *flat has got* two balconies, hasn't it?
3. You haven't got a cat, have you?
4. Your *neighbour* hasn't got a cat (either), has she?

oder: *The flat's got …*

kein(e) = *not … a …*

keine weibliche Form für *neighbour*

1. A: You haven't got a watch on, have you?
2. S: No, I haven't. Linda always knows the time, doesn't she?

3. A: But Linda isn't / Linda's not here, *is* she?

Bei *to be* brauchen wir kein *to do* in der Bestätigungsfrage.

4. A: We *can* ask David, *can't* we?

*Can, must, may* werden ohne das Vollverb in der Bestätigungsfrage wiederholt.

5. A: The break's nearly finished, isn't it, David?
6. Yes, it is. That was a very short break, wasn't it?
7. S: You weren't *at school yesterday*, were you, David?

Stellung des Adverbs: Ort vor Zeit!

8. S: We *saw* your mother in the afternoon, *didn't* we, Anke?

*simple past* wegen der Zeitangabe *afternoon*; Verb wird nicht wiederholt, stattdessen *did*

9. D: (frightened): You *didn't* see me, *did* you?

Wenn der Hauptsatz verneint ist, dann ist der *question tag* bejaht.

10. A: No, we didn't. You were ill, weren't you?
11. D: Yes, I was. But I can't stay *in bed* all day, can I?

ohne Artikel

12. S: He doesn't look ill, does he, Anke?
13. S: You're not ill at all, are you, David?
14. D: You don't understand me, do you?

## 2 Comparison of adjectives

1. Your bag is *larger* than my bag.

   Weil *-est* schon ein **-e** hat, verschwindet das **-e** in *large* (auch *nice, simple* ...).

2. You can carry *bigger* books (than I can / than me).

   Steigerungen von *big, fit, wet* verdoppeln den Konsonant: *bigger, fitter, wetter*.

3. Marc is *smaller* than Alexander.

   Das Wort *little* wird fast nie gesteigert.

4. Marc is the smallest boy in the class.
5. He's also the nicest boy.
6. Alexander is *sillier* than Marc.

   *-y* wird zu *-ier* und *-iest.*

7. The tallest people aren't always the *cleverest* or the best people.

   *Clever* wird wie *simple* oder *narrow* mit *-er* und *-est* gesteigert.

1. Anke's skirt is more colourful than Sandra's.
2. But Sandra's skirt was more expensive than Anke's.
3. The most boring things are often the most expensive *ones*.

   Zu *ones* findest du im Kapitel 4 mehr.

4. My old jacket is more comfortable than my new one.

1. Paris is as far away as London.
2. Paris is as big as London, isn't it?
3. Scotland is just as interesting as England.
4. But Scotland is not (isn't / 's not) as big as England.
5. The weather in Scotland is not as warm as *(the weather)* in England.

   Man könnte das zweite *the weather* auslassen, aber nicht durch *one* ersetzen!

6. A holiday in Scotland is just as nice as a holiday / as one in England.

1. Hannah is younger than Anke.
2. Lisa is older than Anke.
3. But Anke is taller / bigger than Lisa.
4. Anke is the biggest girl in her class.
5. She's as big as her mother.
6. Hannah is not as tidy as Anke.
7. She always *has the dirtiest shoes*.

   Satzstellung! Trenne nie das Verb (hier: *has)* von seinem Objekt (hier: *the dirtiest shoes*).

8. She's not the most beautiful / the prettiest girl.
9. But she has the nicest smile.
10. Lisa's *homework* is more difficult than Anke's.

    „Hausaufgaben": im Deutschen Plural, im Englischen Singular!

## 3 Past progressive

1. I was working for Siemens.
2. I was selling hot dogs at the Oktoberfest.
3. We were studying English.
4. I was learning Italian in Rome.
5. I was writing a book.
6. (Me?) What was I doing? (I don't remember.)
7. I wasn't working.
8. I wasn't practising for a concert, because we were just moving house.

1. A: What were you all doing when I rang up at three o'clock in the afternoon? Where were you all?
2. S: At three o'clock I was *(just)* feeding my rabbit.

Du musst „gerade" in diesen Sätzen nicht unbedingt übersetzen, denn dessen Bedeutung steckt im *past progressive*.

3. When I came to him, *he* was (just) digging a hole.

Sandras Hase hat bestimmt einen Namen, darum *he*.

4. While he was digging, I *filled* his bottle *(up)* with water.

oder: *I filled (up) his bottle*

5. I was *just* going into the house, when I heard the phone.

Hier ist *just* notwendig, weil damit eine Überraschung ausgedrückt wird.

6. It stopped (ringing) as / while / when I was running (towards it).
7. D: At three o'clock I *was having* problems with *that* homework (myself).

*I had problems* würde heißen, dass er genau um drei Uhr Probleme hatte, er hatte sie aber länger; *that* nicht *this*, weil die Hausaufgaben nicht vor ihm liegen, während er über sie spricht.

8. I was just asking my neighbour (about it).
9. Last year she *was working* in England.

Auch hier wird der Zeitraum betont.

10. She was probably (just) helping me, when you rang up / phoned.
11. A: And what were you doing, Angela?
12. You *weren't* at Sepp's (house) (again), were you?

*to be* in der Regel nicht im *progressive*; bei jemandem = *at someone's (house)*

13. A: No, I wasn't. Do you know Tom? I was eating chocolate cake (at his house).

14. R: At three o'clock yesterday I was sitting outside in the sun.
15. My brother was practising the drums.

## 4 One, ones

1. H: Look at the elephants, Anke! Look at the little one!
2. A: There are two little ones.
3. Which one do you mean?
4. H: The little fat one.
5. A: (They're both fat.) Which fat one do you mean?
6. H: Well, the one on the other side of the ring.
7. A: Yes, the little ones are sweet.
8. *But I prefer the bigger ones.*

   oder: *But I like the bigger ones better.*

9. Look at the one with the big ears.
10. That is an African elephant. Which one do you prefer / like best?
11. The one with the big ears, or the one with the small ears?
12. H: The sweetest one is that little one (there).

1. (There were four clowns;) two fat ones and two thin ones.
2. The fat ones had *funny* hats.

   „Lustig" heißt im Englischen nur *funny*, wenn etwas zum Lachen bringen soll. Sonst muss man es mit *jolly, amusing* übersetzen.

3. The one with the red hat *threw* red sweets to the children.

*to throw – threw – thrown*

4. The one with the green hat shouted: "Stop! Not the red ones. The green ones."
5. (He threw green sweets to the children.) Hannah got two green ones and one / a red one.
6. She said to the boy next to her: "Which one do you want? A green one, or the red one?"
7. "This one," said the boy, and took the red sweet.
8. The clowns were funny, especially the thin ones.
9. The thin one with the short trousers had two balloons.
10. "Children," he called, "which balloon is *heavier*, the yellow one or the blue one?"

*heavy → heavier*

11. Hannah shouted: "The yellow one!"
12. The thin clown said to the fat one: "(You) take the blue one. *I'm taking* the yellow one."

Wenn du das *present tense* für diesen Satz nimmst, dann auf jeden Fall die *progressive form*. Falls du das *will-future* schon kennst, könntest du den Satz so übersetzen: *I'll take the yellow one.*

13. The fat one took the blue balloon (and lifted it up).
14. The thin clown took the yellow one.
15. "This is a heavy one," he said.
16. "This one isn't heavy. It's as light as the blue one," said the other one.

## 5 Comparison of will-future and going to-future

1. S: How long *will you* be away, Mum?
2. M: I *won't* stay there longer than a / one week.

In Fragen kommt zuerst *will* und dann das Subjekt *(you)*. Verneinung von *will not* im gesprochenen Englisch = *won't*

3. P: (I'm sure) we'll (= we will) manage.
4. I'll (= I will) wash up *every day*.

Das Adverb der Zeit *every day* kommt nach dem Hauptsatz.

5. S: And I'll do the washing.
6. *I'll cook, too.*

Die Übersetzung *I'll also cook* liegt nah, wäre aber im gesprochenen Englisch unnatürlich.

7. F: (Oh ... er ...) I won't eat at home.
8. S: (Yes, you will.) I'll / I shall cook such wonderful meals!
9. You'll be surprised.
10. M: You *won't* forget the cat, *will you*?

*Question tag*: Das verneinte Hilfsverb des Hauptsatzes erscheint in bejahter Form.

11. P: Nothing will happen to the cat.
12. But perhaps something will happen to me.
13. (After all,) I don't know what Sandra *will cook*.

Auch *going to* wäre hier richtig. Es hängt davon ab, ob Sandra schon geplant hat, was sie kochen wird.

14. S: Oh, for you *I'll cook* poisonous toadstools. You'll see!

Hier ist nur *will* richtig, weil es ein spontaner Einfall ist, nicht ein ernst gemeinter Plan.

1. S: (Don't worry, Mum.) *Everything* will be OK.

Hier kann „alles" nicht mit *all* übersetzt werden, weil es ohne Bezugswort verwendet wird.

2. P: Yes, Mum, I shall / will only be poisoned.

| | |
|---|---|
| 3. S: (Be quiet!) Otherwise Mum will only worry. | |
| 4. I'm *going to* make a card for Grandma. | *Going to* deutet auf einen Plan, der schon länger besteht. Es könnte natürlich auch sein, dass Sandra sich spontan entschlossen hat, eine Karte zu basteln; in diesem Fall hieße es: *I'll make a card for Grandma*. |
| 5. M: (I'm sure) she'll be pleased. | |
| 6. *Are you going to* make a card, too, Paul? | Mit *will you* … wäre dieser Satz keine Frage, sondern eine Bitte. |
| 7. P: No, I'm not going to make a card. | |
| 8. Perhaps *I'll write* a letter. And *perhaps I won't* write a letter. | Paul ist sich nicht sicher, also kann von einem Plan keine Rede sein. |
| 9. S: (Men!) *I'll write* a letter. | ein spontaner Entschluss |
| 10. Then Grandma *will have* at least one / at least have one. | Vorhersage |
| 11. M: You won't have (any) time (for writing letters). | |
| 12. You'll have a lot to do. | |
| 13. It *will be* a hard week. | Wenn es als unvermeidbar gesehen wird, ist auch *going to* möglich. |
| 14. S: When *will* you arrive in Hamburg? | Auch *going to* wäre möglich. |
| 15. M: I'm *going to* take the train at half past nine. | Plan, also nur *going to* möglich |
| 16. *I'll probably* be in Hamburg at four o'clock. | mit *probably* normalerweise *will* |
| 17. Aunt Elspeth and Uncle Heini *are going to* pick me up from the station. | Plan |
| 18. *I'll ring* you up (when I'm there). | als Plan mit *going to* |

## 6 Must and needn't; may, may not and mustn't

| | |
|---|---|
| 1. A: *Today is Saturday.* I needn't do anything today. | oder: *It's Saturday today.* |
| 2. F: (Well, that's not quite true.) You must practise *the* piano. | *practise* **the** *piano / guitar* etc. – immer mit Artikel |
| 3. A: But I needn't do that today. | |
| 4. F: You must practise every day. But you needn't water your poor flowers. (I've done that). | |
| 5. A: You needn't worry about my "poor" flowers. | |
| 6. F: Then you must water them more often. And you needn't look at me like that! | |

| | |
|---|---|
| 1. H: Mum, *may I do* my homework later? | oder: *can I do …* |
| 2. M: Yes, *you may*. | oder: … *you may do it* (aber nicht: *you may it*) |
| 3. But you mustn't forget *it*! | „Hausaufgaben" ist im Englischen Singular: *homework*. |
| 4. H: No, I won't forget it. May I eat this chocolate now? | |
| 5. M: No, you may not. | |
| 6. You mustn't eat sweets before *lunch*. | im Englischen meist ohne Artikel |
| 7. H: May I eat an apple? | |
| 8. M: Yes, you may. | |
| 9. Now I must cook (lunch). We mustn't be too late today. | |

| | |
|---|---|
| 1. F: I must go to work *now*. | *now* am Ende des Satzes |
| 2. S: Yes, Dad. You needn't worry. | |
| 3. F: You must go to school soon. | |

4. P: We must go shopping today. We *need* cheese and bread.
   Hier wird *need* als Vollverb gebraucht.
5. S: Oh, yes, may we buy (some) ice cream, *too*, Dad?
   aber: *May we also buy …*
6. F: Yes, you may. But you mustn't spend too much money.
7. P: Dad, may I use your computer this afternoon?
8. F: No, you may not. It mustn't get broken.
9. S: Dad, you must go. You mustn't be late.
10. F: OK. And after lunch you must do your homework. You needn't wash up. *I'll do* that. At midday *I'll phone* you.
    Wo im Deutschen oft Präsens steht, musst du im Englischen Futur nehmen.
11. P: Dad, you (really) needn't phone us.
12. S: No, you needn't (even) think about us.

## 7 Comparison and position of adverbs

1. Suddenly the telephone *rang*. / The telephone suddenly rang.
   *to ring – rang – rung*
2. Sandra *quickly* answered it / answered it *quickly*.
   nicht *fast*, weil das mehr mit Geschwindigkeit zu tun hat.
3. She *clearly* heard Anke's quiet voice / heard A's quiet voice clearly.
   *Clearly* am Satzanfang heißt: es ist klar, dass …
4. "Is everything going well (with you)?", asked Anke.
5. "Well," said Sandra, "not *badly*.
   „Schlecht" bezieht sich auf das Verb „geht"; es ist also ein Adverb.

6. The work in the house is easy. But *sometimes* it goes slowly.

   Mit *sometimes* muss *simple present* genommen werden.

7. Paul made a good cake *yesterday*. He was cross / angry because the cake was small.

   Zeitadverbien am Satzende

8. The cake was really / really was good.
9. Now I must *quickly wash up*."

   oder: *wash up quickly*

1. S: Things are going better now than (they were) two days ago.
2. Two days ago we worked / we were working *more slowly*.

   Die Steigerungen kurzer Adverbien wie *slowly, quickly* werden in der Umgangssprache oft mit *-er, -est* gebildet: *slowly, slower, slowest*.

3. Paul worked / was working (the) most slowly.
4. Paul *is looking* at me angrily / crossly. But usually he cooks more quickly / he cooks faster.

   *Present progressive*, weil Paul in diesem Augenblick so schaut.

5. He can bake better than me, too. How's grandma?
6. M: She's sleeping better now.
7. She can think more clearly, too.
8. But she behaves worse than a child.
9. Of all the patients, she shouts the most terribly (when she has an injection).
10. She sings as beautifully as ever (, but unfortunately in the middle of the night).

1. *Does Dad cook as busily as you two (do)?*
2. S: No, he works / is working *hard* in the office.
3. He says (that) we can cook as well as you, Mum.
4. But that's not really true.
5. Usually he says cheerfully, ("too many cooks spoil the broth") and then sits down comfortably at his desk.
6. But I can cook better on my own.
7. M: *Do you feed* the cat regularly?
8. S: Of course we feed / we're feeding the cat! (Don't we / aren't we, pussy?) In the evening she looks at me unhappily and then I quickly feed her.
9. M: Everything's going well, then.
10. S: Yes, it is, actually. But we miss you terribly. (Come back soon!)

oder: *Is Dad cooking as busily as you two are?*
Das Adverb von *hard* lautet *hard*; *hardly* bedeutet „kaum".

oder: *Are you feeding the cat regularly*?

## 8 Present perfect

| | |
|---|---|
| 1. You've bought a new teapot. | |
| 2. You've baked a cake. | |
| 3. *You've done the shopping.* | oder: *You've been shopping.* |
| 4. But you haven't washed your clothes. | |
| 5. Have you *fed* the cat? | *to feed – fed – fed* |
| 6. Where *has* the cat gone? | für das Deutsche „ist" |
| 7. P: The cat has gone into the garden. | |
| 8. (Look, she's coming back.) She's caught a mouse. | |
| 9. She's brought the mouse into the kitchen. | |
| 10. Oh! Now she's taken *it* out again. | Die Maus ist kein Haustier, also *it*. |

| | |
|---|---|
| 1. A: Have you done all your homework *yet*, Hannah? | „schon" in einer Frage: *yet* |
| 2. H: No, I haven't. I've done Maths, but I *haven't* done German *yet*. | „noch nicht" (in einer Aussage): *not yet* |
| 3. (Hurry up!) Have you forgotten? (Today we're going to see / look at the lion cubs at the zoo.) | |
| 4. I've never seen lion cubs. Mum, have you ever seen lion cubs? | |
| 5. M: No, I haven't. I have read about them. | |
| 6. H: Where's Lisa? I haven't seen her yet. | |
| 7. M: She's just coming. I've just seen her through the window. | |
| 8. She's just come through the garden gate. (Open the door, please, Anke). | |

9. Hello, Lisa. You've brought a *friend* with you.

   Freund / Freundin = *friend*

10. L: Hello, Mum. *This* is Christa. You have spoken to her (on the phone) but you've never *met* her.

    *That* wäre unpassend und unhöflich.

    *to meet – met – met*

## 9 Present perfect and simple past

1. The monsoon has arrived in India.
2. *Yesterday* 10 cm of rain *fell* in India.

   wegen *yesterday* nur *simple past; to fall – fell - fallen*

3. All (the) trains were late.
4. In the USA a woman has had quins.
5. The birth was difficult.
6. FC Bayern has won the derby.
7. TSV 1860 scored the first goal.

   Jetzt werden die Einzelheiten berichtet, also: *simple past.*

8. Then FC Bayern scored (a goal).
9. (In the last minute) they scored again / they scored another goal.

1. M: I've just made (some) tea. (Would you like some tea?)
2. S: (Yes, please.) I haven't *drunk* any tea today yet.

   *to drink – drank – drunk*

3. Mum, have you seen my new earrings *yet*?

   „schon" in einer Frage mit *yet* übersetzen

4. M: No, I haven't.
5. S: I *bought* them in Munich. They *weren't* very expensive.

   Wenn wir über Einzelheiten berichten, dann *simple past.*

6. M: They're lovely / nice. *Did* you *buy* them last week?

   Fragen (und Verneinungen) im *simple past* werden mit *to do* gebildet.

| | |
|---|---|
| 7. S: Yes, I did. And Dad *bought* the teapot. | *to buy – bought – bought* |
| 8. M: (By the way, Sandra,) what *has happened* to the old teapot? | oder: What *happened* to the old teapot? |
| 9. S: Ah... well, Dad dropped it last week. | |
| 10. Hasn't he told you yet? | |
| 11. No, he hasn't. And what happened *then*? | Zeitangabe, also *simple past* |
| 12. Well, it broke (, of course). | |

## 10 Translations for "(nicht) dürfen, (nicht) müssen" and "(nicht) können"

| | |
|---|---|
| 1. But she wasn't allowed to go with them. | |
| 2. She had to stay at home. | |
| 3. She had to paint a picture for *school*. | nicht das Gebäude, sondern die Einrichtung, deswegen im Englischen ohne Artikel |
| 4. Anke and Sandra didn't have to do anything for school. | |
| 5. H: It's not fair. Anke is always allowed to go swimming. | |
| 6. She was allowed to go to the swimming pool last week, *too* (, and I wasn't). | oder: *as well* |
| 7. I always *have to* stay at home. | Mit *have to* drückt sie aus, dass sie gezwungen wird zu Hause zu bleiben. |
| 8. A: (Oh, rubbish!) You don't always have to stay at home. | |
| 9. Only sometimes (when you've got homework to do, that) you're not allowed to *go with us*. | *Go with* kann nicht allein stehen, wie im Deutschen. |

10. You'll probably be allowed to go swimming with us next time.

**2.**

1. S: (Just think, Anke.) In five years we'll be allowed to drive a car.
2. We won't always have to go by bus / take the bus.
3. A: Yes, but we'll have to take a driving test, first.
4. (Without a driving licence) we won't be allowed to drive.

**3.**

1. Jasmin can walk.
2. But she can't talk yet.
3. Next year Jasmin will be able to talk.
4. She'll be able to do a lot of things.
5. Of course, she won't be able to read.
6. Even four-year-olds can't read.
7. She won't be able to ride a bike.
8. But she'll be able to use a spoon.
9. And she'll be able to open the door.

**4.**

1. M: (See you later, you two.) Anke, you *must* put a hat on when you come home from the swimming pool.
2. A: (Yes, Mum. Bye.) (To S:) I always *have to* put a hat on when I come home from the swimming pool.

Dies ist keine Vorschrift, sondern die innere Überzeugung der Mutter, also *must*.

Für Anke ist es ein Befehl der Mutter.

| | |
|---|---|
| 3. I don't have to in the summer (– but still). | |
| 4. S: Look, there comes the bus! We *must* hurry. | Die Mädchen wollen den Bus erwischen, deshalb *must*. |
| 5. A: We must try to get two seats right at the back. | |
| 6. A: We *have to* get off here. | Dies ist eine Notwendigkeit. |
| 7. S: I know. You *don't have to* tell me that. | oder: *you needn't* |
| 8. A: (OK, calm down.) Is this the entrance / is the entrance here or do we have to go round the back? | |
| 9. S: Have you seen my new swimming costume? You *must* look at it / have a look at it! (It's so cool.) | Sandra teilt einen Wunsch mit, darum *must*. |
| 10. A: All right. But I have to get changed first. | |
| 11. S: Aren't you ready yet? We *have to* be home again / back home at six o'clock. | ..., weil es der Wunsch der Mutter ist. Wenn sie heimgehen wollten, um eine Fernsehsendung anzuschauen, dann wäre *must* angebracht. |
| 12. A: It's only half past three. We *don't have to* hurry. | oder: *We needn't hurry*. |

## 11 Comparison of present perfect progressive and simple perfect

| | |
|---|---|
| 1. What have you been doing this morning, madam (, if I may ask)? | |
| 2. M: I've been doing my housework. | |
| 3. M: And what *have* your children *been doing?* | Hier wird der Zeitraum angesprochen, nicht, was dabei herausgekommen ist. |
| 4. S: I've been working on my Faschings costume. | |
| 5. My brother has been lying in bed all morning. | |
| 6. He says he's been growing. | |
| 7. My father has been trying to mend / repair the car. | |

| | |
|---|---|
| 1. I've been working on my Faschings costume since 9 o'clock. | |
| 2. I haven't made the hat *yet*. | *Yet* ist Signalwort für *present perfect.* |
| 3. Hannah has lost her guinea pig. | |
| 4. *She's been looking* for it for two hours. | eine Beschäftigung über einen bestimmten Zeitraum |
| 5. She *hasn't found* it yet. | Das Ergebnis steht wieder im *present perfect.* |
| 6. My father has been mending the car all morning. | |
| 7. Lisa has been practising the violin for *an hour*. | oder: *one hour* |
| 8. She's been learning the violin since September. | |
| 9. Have you ever heard her? | |
| 10. Mum's been writing letters since breakfast. | |

11. She's written *two* already, and *now* she's writing another one.

Im Englischen kommt *two* nicht an den Satzanfang, *now* könnte auch am Satzende stehen.

12. And you, Sandra? What have you been doing this morning?

## 12 When-clauses and conditionals

1. (Anke, just imagine;) when I'm seventeen, you'll be twenty.
2. When you're twenty, you'll be able to drive a car.
3. And when I'm twenty, Lisa will be twenty-six.
4. When she's twenty-six, perhaps she'll have a child.
5. *When* Lisa has children, we'll be aunts.

oder: *if*

6. And *when* we are aunts, Mum and Dad *will be* grand-parents.

oder: *if*
im Englischen *will-future* notwendig

1. S: If I get a six in English, I *shall* die (on the spot).

*Shall* kommt sehr häufig mit *I* und *we* vor, besonders, wenn es eine Vorhersage und kein Vorhaben ist.

2. A: I shall be very surprised *if* you get a six in English.

kein Komma im Englischen vor dem Bedingungssatz (vor *if*)

3. But if one gets / if you get a six in the interim report, it's not so bad.
4. If you work hard, you can get a better mark in the summer.
5. So – if it happens, don't worry!

1. A: If we take the bus at 18.15, we'll be at the school at 18.34.
2. We'll get changed *when* we get there.

*When*, weil sie sicher sind, dass sie ankommen. Kein Komma im Englischen setzen, wenn der Nebensatz nach dem Hauptsatz kommt.

3. S: If we get changed at home, we can save time.
4. I always get changed before / first when I go to a party.
5. A: But I always feel so silly *if* I go out (in a Faschings costume / dressed up).

*When* wäre auch richtig.

6. M: You'll miss the bus if you don't *decide* soon.

*Decide* ist im Englischen nicht reflexiv.

7. By the way, if there is alcohol there, don't drink it / any.
8. When the party is over, you must phone me.
9. When you phone me, use a telephone card.
10. Take my card if you want (to).

## 13 Relative clauses

Achtung: Für *who* als Relativpronomen (nicht als Fragewort, wie z. B. bei Nr. 5) kann immer wahlweise *that* stehen; für *whose* nicht.

1. S: The boy *who's* standing next to Anke is Italian.

   Achtung! *who's = who is / who has* – nicht mit *whose* verwechseln!

2. It's the boy *whose* mother gives Italian lessons.
3. M: And who is the girl who has got red hair and freckles?
4. S: That's Anna. She's the girl who sings best (of all).
5. M: And who is the boy whose shirt is hanging out of his trousers?
6. S: That's Ferdi, the boy who is in love with Anke.
7. And Anke is in love with the boy who is standing next to Lisa.
8. Over there is the *teacher* whose *husband* works with Dad.

   Lehrer und Lehrerin = *teacher;* „Mann" im Sinne von Ehemann = *husband*

1. H: Look, here's the horse *that* ate sugar out of my hand.

   oder: *which*

2. And this is the dog whose kennel was outside.
3. Is that the bell that *rang* every hour?

   *to ring – rang – rung*

4. H: Yes, it is. And here is Emilia, by the tractor which broke down later.

5. L: Where is the cock which woke you (up) every morning?
6. H: I think I have (got) a photo which shows him.
7. Here he is. *He's sitting* on the fence which broke in the storm.

*Present progressive,* weil der Hahn das auf dem Foto gerade macht.

1. A: Look, Sandra, that / the boy who likes you is dancing with Paula Timms.
2. S: That / the boy who *plays* basketball with us?

*simple present* für eine Gewohnheit

3. A: Yes, they are by the door which leads to the staff room.
4. S: He's silly. Do you see the two girls whose *hair* is dyed green?

*Hair* (Kopfhaare) ist im Englischen ein unzählbares Nomen.

5. The girl who is (just) drinking coke is new.
6. She comes from the school which *won* the basketball tournament (last year).

*to win – won – won*

## 14 Relative clauses with and without prepositions

Beachte: In den Lösungen werden *which* und *who* in Klammern angegeben. Jede kann durch *that* ersetzt werden und in allen Lösungssätzen, außer Übung 4: Satz 1, 4, 7 kann auch ein *contact clause* daraus gemacht werden. Bei den Anmerkungen wird angegeben, welche Lösung am günstigsten wäre.
Ø = kein Relativpronomen

1. The holiday (which) I spent in England was great. — Ø
2. I saw the school (which) my little *cousin* goes to. — Cousine / Cousin = *cousin*
3. The uniform (which) the children wear is grey and red.
4. My cousin doesn't like the uniform (which) she has to wear. — Ø
5. The colour (which) she looks best in is blue. — Ø

1. The people (who) I talked to were very friendly.
2. But a lot / lots of people (who) I met *spoke* too quickly / fast for me. — *to speak – spoke – spoken*
3. I liked the children (who) my cousin played with. — Ø
4. The men (who) my uncle played rugby with *tried* to speak German to me. — *that / Ø* — *to try → tried*

| | |
|---|---|
| 1. The German (which) they spoke was funny. | *Ø* |
| 2. One of the men (who) I met wants to write me a letter / write a letter to me. | |
| 3. Here are the photos (which) I took there. | |
| 4. Look, that's the room (which) I *slept* in. | *Ø*<br>*to sleep – slept – slept* |
| 5. And these are two women (who) my aunt knows. | *Ø* |
| 6. The language (which) my aunt speaks *best* is English (, although she is German). | *that / Ø*<br>*good – better – best* |
| 7. The newspapers (which) she reads are English newspapers. | *Ø* |
| 8. And the people (who) she sees every day are English (people). | *Ø* |
| 9. That is something (which) she finds difficult. | |
| 10. She can't use the language (which) she spoke (as a child). | *Ø / that* |

| | |
|---|---|
| 1. The man who's waving is my uncle. | |
| 2. The woman (who) he's waving to is his sister. | *Ø* |
| 3. Here's my cousin. The boy (who) she's looking at lives next door. | *Ø / that* |
| 4. It's the boy whose mother teaches German. | |
| 5. Right now I'm wearing the pullover (which) I've got on in the photo. | *that* |
| 6. There's the dog (which) I had problems with. | *that* |

7. It's the dog which always barked when it saw me.

## 15 Gerunds

1. S: Well, actually he doesn't like going to school.
2. He likes playing with cars.
3. He loves riding his bike / cycling.
4. He hates sitting still.
5. We *always* tell him: reading is fun.

   Die Häufigkeitsadverbien (*always, sometimes, never*, usw.) gehören direkt vor das Verb.
6. Then he answers / replies: girls enjoy reading.
7. *But reading is no fun for boys.*

   oder: *But for boys, reading …*

1. One of my *hobbies* is sewing.

   *hobby* → *hobbies*
2. Sewing Faschings costumes is great.
3. I also enjoy going *to discos* with my friend Anke.

   **in** die Disko = ***to** the disco*
4. I'm not very *keen on swimming*, because I'm afraid of drowning.

   *keen on* mit Gerund
5. Do you like swimming?
6. My brother is interested in doing a badge for swimming.
7. He's started training every week.
8. He doesn't mind getting up at 7 every Saturday, to do his training.
9. He's *good at swimming*.

   *good at* mit Gerund

# 16 Wh-questions with prepositions

| | |
|---|---|
| 1. Who is the letter from? | |
| 2. And who is the letter *addressed* to? | Beachte die unterschiedliche Schreibung: a**d**ressiert – *a**dd**ressed*! |
| 3. What does Simon write about? | |
| 4. What are you staring at? | |
| 5. What are you so interested in? | |
| 6. What are you looking forward to, then? | |
| 7. What are we *travelling* by? | Achtung: *to travel* → *trave**ll**ing* |
| 8. Where do your *ideas* come from? | Vergleiche: Id**ee** – *id**ea*** |
| 9. What are you getting so *cross* about? | oder: *angry* |
| 10. Why do you want to know everything? | |

| | |
|---|---|
| 1. Who is the book by? | |
| 2. What is the story about? | |
| 3. Who does Momo play with? | |
| 4. Who does Kassiopeia belong to? | |
| 5. Where does Kassiopeia lead Momo to? | |
| 6. What is she *afraid of*? | oder: *frightened of* |
| 7. Who do the grey men work for? | |
| 8. *What do they look for?* | oder: *What are they looking for?* |
| 9. Who does Momo go home with at the end of the story? | |

## 17 Some, any, and their compounds

1. E: I can *see* some British Airways planes.
2. H: I can't see any.
3. E: Look over there. There are some buildings, and in front of the buildings are some planes.
4. H: Oh, now I can see some, too.
5. Can you see any helicopters? I can't.
6. E: No, I can't see any helicopters.
7. But I've just seen some children (with ice creams in their hands).
8. Have you got any money with you?
9. H: Yes, I have. But I want to buy some chips.
10 E: Good idea. Let's buy some chips!

*See* und *hear* stehen selten in der Verlaufsform.

1. Have you got any green tea?
2. (No, I'm afraid not.) Would you like *some* black tea?

keine Frage, sondern ein Angebot, darum *some*

3. (No, thank you.) Could I have *some* peppermint tea, please?

Die Kundin geht davon aus, dass Pfefferminztee vorhanden ist: *some*.

4. (Of course.) Anything else?
5. Could I have some bread rolls and butter, please?
6. And have you got any strawberry jam?

1. M: I've *brought* you some water.
2. Do you want anything else?
3. A: No, I don't want anything else.
4. H: Anke, I want to show you something.
5. A: I'm ill. I don't want to see anything.
6. H: It's something nice.
7. (Oh, there's the doorbell.) There's someone at the door.
8. Maybe it's someone for me.
9. S: Hello, Hannah. Have you seen Anke anywhere?
10. We can't find her anywhere.
11. H: She's ill. Anke! Do you want *some* visitors?
12. A: Come in, Sandra. I need someone (to cheer me up).
13. S: (You poor thing.) Shall I bring you something to read?
14. I've got some good comics at home.
15. A: No, I can't read anything at the moment.

*to bring – brought – brought*

*Some* ist hier richtig, weil der Besuch schon da ist.

## 18 The translation of "every-, no-, all"

| | |
|---|---|
| 1. Shut / close all the windows. | |
| 2. Put all the lights out. | |
| 3. You must *all* go into the school yard. | „alle" als Gruppe aufgefasst |
| 4. The teachers must see that everybody is there. | |
| 5. You must leave everything in the classroom. | |
| 6. Every minute counts. | *Every* als „jede einzelne", während *all* eine Verallgemeinerung ist. |
| *7.* *All* fires are dangerous. | |

| | |
|---|---|
| 1. E: I think you'll find everything you need. | |
| 2. If you're hungry you can take *anything* you want out of the fridge. | Bedingungssätze: → Kapitel 12; *anything*: jedes beliebige Ding |
| 3. Write down *any* phone calls for me. | oder: *every … call* |
| 4. Every time I go out, somebody rings up. | |
| 5. Everyone says I need an answer-phone. | |
| 6. Anyway, thanks (for coming). | |
| 7. L: No trouble. I'll babysit for you any time. | |

| | |
|---|---|
| 1. Andy looked in the cupboard, but there was nothing there. | |
| 2. He looked everywhere, but the guitar was *nowhere to be seen*. | oder: *wasn't anywhere to be seen*; aber: *nowhere to be seen* als eine feste Wendung |
| 3. He asked everybody, but nobody knew anything. | |
| 4. He asked Paul. "No idea," said Paul. | |

5. "I haven't seen anything.
6. I haven't seen anyone with your guitar. You *must* tell the police."

   *Must* (nicht *have to*), weil Paul hier seine persönliche Meinung sagt.
7. Andy didn't say anything.
8. Then he said: "The police won't be able to do anything."

1. All dogs have a home.
2. All except Lolly.
3. *She has no home.*

   oder: *She hasn't got a home.*
4. Nobody / no one loves her.
5. Everyone says she's dirty.
6. "*Anyone* can see that that dog has got fleas," say the grown-ups.

   „Jeder" hier im Sinn von „jede beliebige Person" → *anyone*
7. Lolly can sleep *anywhere* – under a bridge, in a barn.

   „an jedem beliebigen Ort" → *anywhere*
8. She knows *all the dogs* in the neighbourhood.

   Ohne die genaue Bestimmung *neighbourhood* würde „alle Hunde" *all dogs* heißen.
9. *But she has no friends.*

   oder: *But she hasn't got any friends.*
10. Everything she does is wrong.
11. Everywhere she goes (, she's chased away).
12. Is there no hope for Lolly?

    oder: *Isn't there any hope for Lolly?*

## 19 Revision of tenses

1. D: What's Anke doing?

   „Gerade" muss hier nicht übersetzt werden; die Bedeutung steckt in der Verlaufsform.

2. She isn't / she's not playing with my computer, is she?
3. M: No, she isn't. She *never* plays with the computer.

   *Never, often, always* sind Signalwörter für *simple present.*

4. But at the moment she's using it. – What for?
5. M: She's writing invitations for her birthday party.
6. D: *Does* she often use my computer?

   Fragen im *simple present* mit *to do*

7. M: Yes, she does. Sometimes she does her homework on it.
8. The children *usually* use it when you are at work.

   *Usually, often* usw. gehören direkt vor das Verb.

1. S: She was standing on a ladder, when the ladder slipped.
2. What was she doing on a ladder?
3. S: She was painting (scenery) for a play.
4. Herr Guthmut *called* an ambulance *immediately*.

   oder: *Herr G. immediately called …*

5. Didn't you *hear* the siren this morning?

   *Hear, see* stehen praktisch immer in der *simple form.*

6. A: Yes, I *did* hear a siren.

   oder: *Yes, I heard a siren*; durch *did* wird die Aussage betont.

7. I *was just playing* cards with David and Tom.

   „Gerade" ist Signalwort für die Verlaufsform.

8. S: I saw the ambulance.
9. It was going very fast.

1. (On the) next day, Anke and Sandra visited their friend Linda in *hospital*

„Krankenhaus" als Einrichtung ohne Artikel. Linda ist *in hospital.* Sandra *ist at the hospital.*

2. L: Hi! I saw you two minutes ago out of the window.
3. You came *by bus*, didn't you?

mit dem Bus / Auto – *by bus / car*

4. S: Yes, we did. We have brought you some flowers.
5. How are you now? Have you got over the shock?
6. L: Yes, but my leg hasn't stopped hurting yet.
7. A: You poor thing. *Did* you *sleep* well *last night*?

Zeitangabe *last night* verweist auf *simple past.*

8. L: Not really, but I've slept a bit today and now I feel better.

1. Hannah's guinea pig Lucky *often runs* away.

mit *often: simple present*

2. He likes hiding.
3. Hannah is (just) looking for him.
4. Now she's looking under the sofa.
5. She says to Anke: "I've been looking for Lucky for an hour."
6. A: *I'll help* you.

spontanes Hilfsangebot
→ *will-future*

7. I'll look in the living room.
8. I've been doing homework since two o'clock.
9. I need a change.
10. L: Are you looking for Lucky? He's been playing on my bed for an hour. I'll fetch him for you.

| | |
|---|---|
| 1. S: How many people *are you going* to invite? | Es ist schon geplant. |
| 2. A: I'm going to invite all my friends. *Even a few boys.* | oder: *A few boys, too.* |
| 3. S: *I'll help* you with the party. | spontanes Hilfsangebot → *will-future* |
| 4. A: Thank you. If the weather *is* good, it will be fantastic. It's going to be a barbecue. | kein *will* im if-Satz |
| 5. S: Great. I'll bring a *salad* (with me). | Vergleiche: Salat – *salad* |
| 6. A: I've written that on the invitation: please bring a salad with you. So we will / shall have lots of salads. | |
| 7. My father is going to buy a new grill tomorrow, because the old one is broken. | |
| 8. S: I'm sure *it will be* a really good party. | Vermutung → *will-future* |

## 20 Revision of prepositions

| | |
|---|---|
| 1. Anke and Sandra are *in* the baker's (shop). | oder: *at* |
| 2. They need some things for the party. | |
| 3. Anke wants to buy (some) round rolls with sesame seeds. | |
| 4. Sandra prefers the long *ones* without (any) sesame seeds. | Ein Adjektiv kann in der Regel nicht allein stehen, sondern braucht *one / ones* als Ergänzung. |
| 5. Anke says: "Could I have *some* rolls, please? Ten of the round ones behind the white loaf | *Some*, weil die Frage eine Bitte darstellt (→ Kapitel 17). |
| 6. And ten of these long ones *next to* the pretzels." | „Neben" kann auch mit *by* übersetzt werden. |

| | |
|---|---|
| 7. The shop assistant puts everything into a bag. | |
| 8. "What else have you got on your list?" asks Sandra. | |
| 9. "Sausages – but I want to buy them *from* the butcher's." | **in** der Metzgerei → *from* oder ***at*** *the butcher's* |
| 10. They go out of the baker's, and *over the road* to the butcher's. | oder: *across the road* |

| | |
|---|---|
| 1. H: Now it's only two hours till the party starts. | |
| 2. In the middle of the garden we've put a tent up. | |
| 3. *If it rains, we can* all go into the tent. | *if-clause* Typ 1 mit Hilfsverb *can* |
| 4. Dad had to climb up a tree (to fix the lights). | |
| 5. He's brought the speakers through the window. | |
| 6. *He's put one* on top of the rabbit hutch, the other under the tree. | S-P-O – anders als im Deutschen |
| 7. No, the rabbits aren't there / here. They are at the neighbours' house. | |
| 8. Somebody's coming towards our house. | |
| 9. It's Jenny. She's just got off a bus. | |
| 10. She's come / she came by bus because she's *bringing* a big cake *with her*. | „Mitbringen, mitkommen" usw. verlangen im Englischen ein Pronomen *(her)*. |
| 11. She usually comes on foot, because she lives near us. | |

1. J: I like going out in the evening, especially in (the) summer.
2. What shall I do with the cake (that) I've brought?
3. A: Oh, thanks for the cake! Put it on the table, on the left between the fruit salad and the crisps.
4. D: Where's Tom? He's been looking forward to the party for weeks.
5. Suddenly a paper plane flies over their heads, past the tree, and lands on the patio.
6. D: Where did that come from?
7. He picks up the paper plane. Somebody has written on it: David, I'm waiting for you in front of the house. Come out!
8. Tom's waiting with a big bag full of confetti. He wants to climb (up) onto the roof and throw the confetti down. But not without David.
9. They are still downstairs, at the foot of the stairs, when Anke's mother sees them.
10. M: Are you looking for the others? And is that a present for Anke? Go back outside and round the house, then you will see them.
11. With the noise (that) they're making (you can't miss them).

12. The boys *go quickly* out of the house and through the garden to their friends.

    oder: *quickly go*

13. On the way, they leave the bag with the confetti under a bush.

1. A: Who is this present from?
2. Everyone says: We don't know anything about it.
3. A: *I'll open* it.

   spontaner Entschluss: *will-future*

4. Oh, great – confetti! Would anyone like to throw *some* confetti around?

   *Some*, weil es ein Angebot ist.

5. Everyone throws (some) confetti, until Anke's dad comes out of the house.
6. He shouts at them: You're crazy! Stop at once!
7. Everyone must help with the tidying up. Anyone who doesn't help goes home / will go home.
8. Who does the confetti belong to?

1. *Luckily*, Grandma rings up again at that moment.

   *lucky* (Adjektiv) – *luckily* (Adverb)

2. Anke's father goes back into the house.
3. The children quietly tidy up.
4. Grandma says to her son: You should play games with the children.
5. "Really?" he says nervously into the telephone.
6. Dad goes back out of the house.

7. The children are too old for "Journey to Jerusalem".
8. But they enjoy / like playing "Monument on the chair", "Expedition to the North Pole" and "Murder in the dark".
9. After the games, they sit around a camp fire (and tell ghost stories).
10. "That was the best party (that) I've ever had," says Anke to Sandra, when at ten o'clock the party is over and everyone goes home.

# Vokabelverzeichnis Deutsch – Englisch

In diesem Vokabelverzeichnis findest du die allermeisten Wörter, die du möglicherweise nicht kennst oder einfach wieder vergessen hast. Ganz grundlegende Wörter, wie Pronomen oder Präpositionen, haben wir hier nicht mehr aufgelistet. Das gilt auch für einfache Wörter, wie *see* oder *hear*, die du in der 5. Klasse gelernt hast, und bestimmt noch kennst, weil sie ständig vorkommen.

## A

| | |
|---|---|
| abheben (Telefon) | to answer |
| abholen | to pick up |
| Abwechslung | change |
| adressieren | to address |
| albern | silly |
| Alkohol | alcohol |
| allein | on one's own |
| am Ende | at the end |
| anfangen | to start |
| ängstlich | frightened |
| anhaben (Kleidung) | to have on |
| ankommen | to arrive |
| Anrufbeantworter | answer-phone |
| anrufen | to call, to ring up |
| anschauen | to look at |
| antworten | to answer / to reply |
| ärgern über | to get cross about |
| Armbanduhr | watch |
| auf der Stelle | on the spot |
| aufheben | to pick up |
| aufheitern | to cheer up |
| aufhören | to stop |
| aufräumen | to tidy (up) |
| aufsetzen (Mütze) | to put … on |
| aufstehen | to get up |
| Augenblick | moment |

| | |
|---|---|
| ausgeben (Geld) | to spend (spent, spent) |
| ausgehen | to go out |
| ausschalten | to put out, to switch off |
| außer | except |
| aussteigen (Bus) | to get off (a bus) |
| Auto fahren | to drive a car |

B

| | |
|---|---|
| babysitten | to babysit |
| backen | to bake |
| Bäcker | baker |
| Badeanzug | swimming costume |
| Bahnhof | station |
| bald | soon |
| Basketball | basketball |
| beeilen | to hurry |
| bei den Nachbarn | at the neighbours' house |
| Bein | leg |
| Beleuchtung | lights |
| bellen | to bark |
| benehmen | to behave |
| benutzen | to use |
| bequem | comfortable |
| besonders | especially |
| Besuch | visitors |
| besuchen (Schule) | to go to |
| Bild | picture |
| bleiben | to stay |
| blöd | silly |
| Blume | flower |
| Boxen | speakers |
| brauchen | to need |
| Brezel | pretzel |
| Brief | letter |

| | |
|---|---|
| Brücke | bridge |
| Büro | office |
| Bus fahren | to go by bus |
| Busch | bush |
| Butter | butter |

C

| | |
|---|---|
| Chips | crisps |
| Cousin(e) | cousin |

D

| | |
|---|---|
| Dach | roof |
| den ganzen Tag | all day |
| denken | to think (thought, thought) |
| deutlich | clearly |
| dick | fat |
| draußen | outside |
| dreckig | dirty |
| dunkel | dark |
| dünn | thin |

E

| | |
|---|---|
| (Ehe)mann | husband |
| eigentlich | actually |
| eigentlich nicht | not really |
| ein bisschen | a bit |
| ein paar | a few |
| Eingang | entrance |
| einladen | to invite |
| Einladung | invitation |
| Eiskrem | ice cream |
| Elefant | elephant |
| entscheiden | to decide |
| Erdbeermarmelade | strawberry jam |

| | |
|---|---|
| ertrinken | to drown |
| Erwachsene | grown-ups |
| Expedition | expedition |

F

| | |
|---|---|
| fahren (reisen) | to travel |
| Fahrrad fahren | to ride a bike |
| fallen lassen | to drop |
| falsch | wrong |
| fangen | to catch (caught, caught) |
| fantastisch | fantastic |
| färben | to dye |
| farbenfroh | colourful |
| Faschingskostüm | Faschings costume |
| Fenster | window |
| fertig (sein) | be ready |
| festmachen | to fix |
| Feuer | fire |
| finden | to find (found, found) |
| Fisch, Fische | fish |
| fleißig | busy |
| fliegen | to fly (flew, flown) |
| Floh | flea |
| Flugzeug | (aero)plane |
| Foto | photo |
| Foto machen | to take a photo |
| Frau | woman |
| fressen | to eat (ate, eaten) |
| (sich) freuen auf | to look forward to |
| freundlich | friendly |
| Frühstück | breakfast |
| führen | to lead (led, led) |
| Führerschein | driving licence |
| füllen | to fill |

| | |
|---|---|
| Fünflinge | quins |
| füttern | to feed (fed, fed) |

G

| | |
|---|---|
| gaffen | to stare |
| Garten | garden |
| Gartentor | garden gate |
| Gebäude | building |
| Geburt | birth |
| Geburtstagsparty | birthday party |
| gefährlich | dangerous |
| gehören | to belong to |
| Geige | violin |
| Geld | money |
| gern tun | to be keen on (mit Gerund), to enjoy (mit Gerund) |
| Geschenk | present |
| Geschichte | story |
| Gespenstergeschichte | ghost story |
| gestern | yesterday |
| gewinnen | to win (won, won) |
| gießen (Blumen) | to water |
| giftig | poisonous |
| Gitarre | guitar |
| Glocke | bell |
| graben | to dig (dug, dug) |
| grau | grey |
| Grill | grill |
| Grillparty | barbecue |
| groß | large |
| Großeltern | grandparents |
| (etwas) gut können | to be good at |

| | | |
|---|---|---|
| H | Hahn | cock |
| | Hallenbad | swimming pool |
| | Hase | rabbit |
| | Hasenstall | rabbit hutch |
| | Haushalt | housework |
| | heben | to lift up |
| | helfen | to help |
| | heute Morgen | this morning |
| | hinausbringen | to take out |
| | hinunterwerfen | to throw down |
| | Hoffnung | hope |
| | holen | to fetch |
| | Hosen | trousers (Plural im Englischen) |
| | Hubschrauber | helicopter |
| | Hundehütte | kennel |
| | hungrig | hungry |
| | Hut | hat |
| I | Idee | idea |
| | Ihr spinnt (wohl)! | You're crazy! |
| | immer | always |
| | in der Arbeit | at work |
| | in der Nähe | near |
| | interessant | interesting |
| J | Jacke | jacket |
| | jederzeit | any time |
| | jung | young |
| K | kaputt sein | to be broken |
| | kaputtgehen | to get broken |

| | |
|---|---|
| Karte | card |
| Karten spielen | to play cards |
| Käse | cheese |
| kaufen | to buy (bought, bought) |
| kennen | to know (knew, known) |
| (jmdn.) kennen lernen | to meet someone |
| klar | clear |
| Klassenzimmer | classroom |
| Klavier | piano |
| Kleidung | clothes |
| klein | small |
| klug | clever |
| Koch | cook |
| kochen | to cook |
| komisch | funny |
| Konfetti | confetti |
| Konzert | concert |
| Krankenwagen | ambulance |
| Küche | kitchen |
| Kühlschrank | fridge |
| kurz | short |

L

| | |
|---|---|
| Lächeln | smile |
| Lagerfeuer | camp fire |
| landen | to land |
| langsam | slow |
| langweilig | boring |
| Lärm | noise |
| (Lautsprecher)boxen | speakers |
| läuten | to ring (rang, rung) |
| Lehrerzimmer | staff room |
| leicht | easy |
| leicht (an Gewicht) | light |

| | | |
|---|---|---|
| | leider | unfortunately |
| | leise | quiet |
| | Leiter | ladder |
| | lieber mögen | to prefer |
| | Liste | list |
| | Löffel | spoon |
| | Löwe | lion |
| | Löwen-Babys | lion cubs |
| | Luftballon | balloon |
| | lustig | funny |
| M | Mahlzeit | meal |
| | malen | to paint |
| | Manege | ring |
| | Meerschweinchen | guinea pig |
| | meinen | to mean (meant, meant) |
| | Metzgerei | butcher's |
| | Minute | minute |
| | mitbringen | to bring (brought, brought) |
| | Mittagessen | lunch |
| | mittags | at midday |
| | Mitte | middle |
| | mitten in der Nacht | in the middle of the night |
| | Mord | murder |
| N | na ja | well |
| | Nachbarschaft | neighbourhood |
| | nachdenken über | to think about |
| | Nachmittag | afternoon |
| | nächstes Mal | next time |
| | nähen | to sew (sewed, sewn) |
| | natürlich | of course |

| | | |
|---|---|---|
| neben | next to, by | |
| nebenan wohnen | to live next door | |
| nervös | nervous | |
| nicht ganz | not quite | |
| nichts zu danken | no trouble | |
| noch ein(e, es) | another | |
| noch etwas | anything / something else | |
| Nordpol | North Pole | |
| normalerweise | usually | |
| Notarzt rufen | to call an ambulance | |
| Note (Schule) | mark | |

| | | |
|---|---|---|
| Obstsalat | fruit salad | O |
| obwohl | although | |
| ohne | without | |
| Ohr | ear | |
| Ohrringe | earrings | |
| Onkel | uncle | |
| ordentlich (sein) | (be) tidy | |

| | | |
|---|---|---|
| Panne haben | to break down | P |
| Papierflugzeug | paper plane | |
| passieren | to happen | |
| Pause | break | |
| Pfefferminz | peppermint | |
| Pferd | horse | |
| plötzlich | suddenly | |
| Polizei | police | |
| Pommes | chips | |
| Problem | problem | |

R

| | |
|---|---|
| reg dich ab | calm down |
| regelmäßig | regular |
| regnen | to rain |
| reparieren | to mend / to repair |
| Rock | skirt |
| rufen | to shout, to call |

S

| | |
|---|---|
| Salat | salad |
| schaffen | to manage |
| Scheune | barn |
| schlafen | to sleep (slept, slept) |
| Schlagzeug | the drums |
| schlimm | bad |
| schlimmer | worse |
| Blödsinn | rubbish |
| schmutzig | dirty |
| schnell | quick |
| schnell (fahren) | fast |
| Schock | shock |
| Schokoladenkuchen | chocolate cake |
| schon | already |
| schön | beautiful, pretty, nice |
| Schrank | cupboard |
| schrecklich | terrible |
| Schreibtisch | desk |
| Schulhof | school yard |
| schwer | hard, difficult |
| schwer (an Gewicht) | heavy |
| Schwester | sister |
| schwierig | difficult |
| Schwimmabzeichen | a badge for swimming |
| schwimmen gehen | to go swimming |
| Semmel | bread roll |

| | |
|---|---|
| Sesam | sesame seeds |
| sich freuen | be pleased |
| sich wundern | to be surprised |
| singen | to sing (sang, sung) |
| Sirene | siren |
| Sitz(platz) | seat |
| Sofa | sofa |
| sofort | at once, immediately |
| Sommer | summer |
| Sommersprossen | freckles |
| sonst | otherwise |
| Sorgen machen | to worry |
| spannend | exciting |
| sparen | to save |
| Spaß | fun |
| spät | late |
| spät (sein) | be late |
| Spiel | game |
| Sprache | language |
| sprechen | to speak (spoke, spoken) |
| Spritze | injection |
| stell dir vor | just imagine |
| Stimme | voice |
| stimmen | to be true |
| studieren | to study |
| Sturm | storm |
| suchen | to look for |
| süß | sweet |
| Süßigkeiten | sweets |

T

| | |
|---|---|
| Tante | aunt |
| tanzen | to dance |
| Tasche | bag |

| | |
|---|---|
| Tee | tea |
| Teekanne | teapot |
| Telefonanruf | phone call |
| Telefonkarte | telephone card |
| Terrasse | patio |
| teuer | expensive |
| Theaterstück | play |
| toll | great |
| Tor schießen | to score a goal |
| tragen (Kleider) | to wear (wore, worn) |
| Traktor | tractor |
| trinken | to drink (drank, drunk) |
| trotzdem | still |
| Turnier | tournament |
| Tüte | bag |

## U

| | |
|---|---|
| üben | to practise |
| über die Straße | over / across the road |
| überwinden | to get over |
| umziehen (Kleidung) | to get changed |
| umziehen (Haus) | to move house |
| unglücklich | unhappy |
| Uniform | uniform |
| unten (bei einer Treppe) | downstairs |
| Unterricht geben | to give lessons |
| Urlaub | holiday |

## V

| | |
|---|---|
| verärgert sein | be cross / angry |
| verbringen | to spend (spent, spent) |
| verderben | to spoil |
| vergessen | to forget (forgot, forgotten) |
| vergiftet sein | be poisoned |

| | |
|---|---|
| verkaufen | to sell (sold, sold) |
| Verkäufer(in) | shop assistant |
| verliebt sein (in) | to be in love (with) |
| vermissen | to miss |
| verpassen | to miss |
| Verspätung haben | be late |
| verstecken | to hide (hid, hidden) |
| versuchen | to try |
| viele | a lot of / lots of |
| vielleicht | perhaps |
| vierjährige Kinder | four-year-olds |
| vor (örtlich) | in front of |
| (an etwas) vorbei | past |
| Vormittag | morning |

W

| | |
|---|---|
| wachsen | to grow (grew, grown) |
| wahrscheinlich | probably |
| Wand | wall |
| warten | to wait |
| wecken | to wake (up) (woke, woken) |
| weg sein | be away |
| wegjagen | to chase away |
| wegrutschen | to slip |
| wehtun | to hurt |
| Weißbrot | white loaf |
| weit | far |
| weit weg | far away |
| wenigstens | at least |
| werfen | to throw (threw, thrown) |
| Wetter | weather |
| wie geht es …? | how is …? |
| winken | to wave |
| wirklich | really |

| | |
|---|---|
| Woche | week |
| Wohnung | flat |
| Wohnzimmer | living room |
| Wurst | sausage |

## Z

| | |
|---|---|
| zählen | to count |
| Zaun | fence |
| zeigen | to show (showed, shown) |
| Zeitung | newspaper |
| Zelt aufbauen | to put up a tent |
| Zimmer | room |
| zu Ende sein | to be over |
| zu Fuß | on foot |
| zu Hause bleiben | to stay at home |
| Zucker | sugar |
| Zug nehmen | to take the train |
| Zuhause | home |
| zumachen | to shut / to close |
| zur Zeit | at the moment |
| zurücklassen | to leave |
| zwischen | between |
| Zwischenzeugnis | interim report |